新媒体直播电商创业实务

王红蕾　魏奇慧　主　编
谷　鹏　李中生　副主编

清华大学出版社
北　京

内 容 简 介

本书全面贯彻《国家职业教育改革实施方案》等文件精神，为贴合电商或新媒体等相关专业产教融合要求，配套《直播电商综合实训》教材而开发。本书通过新媒体行业特质，将新媒体基础相关核心内容及通用方法论，以任务目标形式逐步讲解，从而使读者深化对新媒体理论实务的理解，同时支撑新媒体实训的基础要求，形成"工作过程导向"特征的"实训+实操"双模教材。

本书共包含 6 个项目，分别为新媒体运营认知、私域流量打造与变现、直播流程及运营、直播间互动训练、直播成交技巧训练、主播镜头呈现训练，全面利用讲授法结合任务驱动式的案例介绍与总结，使学生充分认知新媒体运营的技能与方法。本书较为详尽地讲述了新媒体运营直播电商的相关业务形式、方法论、软硬件工具器材，能够使读者以新媒体电商运营的视角，认知理解媒体运营的新形式、新方法、新技术、新要求，以及市场需求和客户心理。

本书配有在线课程、课件等数字资源，选取典型且实用的案例进行讲解，供读者配套学习。

本书结构清晰，逻辑严密，可作为各类职业院校电子商务、跨境电子商务、网络营销与直播电商、移动商务、市场营销、连锁经营与管理等相关专业的教材，还可供电商新媒体相关从业者参考使用。

本书封面贴有清华大学出版社防伪标签，无标签者不得销售。
版权所有，侵权必究。举报：010-62782989，beiqinquan@tup.tsinghua.edu.cn。

图书在版编目(CIP)数据

新媒体直播电商创业实务 / 王红蕾，魏奇慧主编. —北京：清华大学出版社，2023.1（2024.3 重印）
ISBN 978-7-302-61406-7

Ⅰ.①新… Ⅱ.①王… ②魏… Ⅲ.①网络营销－教材 Ⅳ.①F713.365.2

中国国家版本图书馆 CIP 数据核字(2022)第 136439 号

责任编辑：刘金喜
封面设计：周晓亮
版式设计：孔祥峰
责任校对：成凤进
责任印制：宋 林

出版发行：清华大学出版社
网　　址：https://www.tup.com.cn, https://www.wqxuetang.com
地　　址：北京清华大学学研大厦 A 座
邮　　编：100084
社 总 机：010-83470000
邮　　购：010-62786544
投稿与读者服务：010-62776969, c-service@tup.tsinghua.edu.cn
质 量 反 馈：010-62772015, zhiliang@tup.tsinghua.edu.cn
印 装 者：三河市人民印务有限公司
经　　销：全国新华书店
开　　本：185mm×260mm　　印　　张：12.5　　字　　数：240 千字
版　　次：2023 年 3 月第 1 版　　印　　次：2024 年 3 月第 2 次印刷
定　　价：59.00 元

产品编号：093223-01

主　　任：王红蕾

副 主 任：刘冬美

委　　员：魏奇慧　　谷　鹏　　李中生　　刘　金
　　　　　　余　涛　　陈以雪　　周　荣　　陈美荣
　　　　　　胡　渤　　张叔阳　　张　杰　　郭　琼
　　　　　　付　强　　崔成飞　　郑　爽　　陈江北
　　　　　　许山珊　　张世博

前言

《国家职业教育改革实施方案》的"三教"改革,针对教育教学标准、校企合作、工学结合等提出了具体要求,为我国职业教育专业建设、课程改革奠定了坚实的宏观基础与发展方向。我国各级各类特色职业院校,需在教学教育等各方面落实立德树人的根本任务,通过健全德技并修、工学结合的育人机制,完善评价机制,规范人才培养全过程。

为贯彻《国家职业教育改革实施方案》,积极配合推动职业教育人才培养框架的完善,为职业教育人才提供包括产教融合、校企合作、育训结合的办学格局,新道科技股份有限公司根据当前相关行业发展的实际情况,通过行业、企业、院校,组织相关专家开发了"新媒体直播电商"指导教材。

《新媒体直播电商创业实务》是《直播电商综合实训》的基础。通过本书的学习,读者可对新媒体直播运营、新媒体直播电商行业有直观的了解。本书通过分布式的任务框架,结合大量的新媒体运营案例,展现当前新媒体行业的理论实务,提高学生学习的目的性、积极性,同时降低学习难度。本书在编写过程中,通过调研电子商务行业、企业对新媒体职业的技能要求,辅以企业运营平台岗位的技能要求,形成了以下鲜明特点。

1. 建立理论知识与职业工作平台之间的技能要求联系

本书根据直播电商配套理论课程的教学内容而编写,内容主要是新媒体运营基础,通过学习本书内容,读者可以在综合实训环节将新媒体运营工具和方法有机结合起来,深化与巩固理论教学效果与实践任务成果,从而获得对本行业的专业理解。

2. 建立新媒体行业实务的核心体系

本书通过设计各项目的任务目标、任务背景、内容解析,以及行业知识点与案例展现,最终总结出各项目的理论知识,让读者逐步通过新媒体实务理论的学习,认知与掌握新媒体运营技能。

3. 案例丰富，聚焦行业理论实务

本书通过大量企业运营案例，结合数据分析，将任务解析、任务思考等内容融合至各项目实务课程中，使读者对整个新媒体行业的运营知识体系理解得更全面、更立体。

4. 强调工学结合的育人机制

本书案例与理论并重，应用真实线上资源，给予读者潜移默化的学习体验，逐渐由案例总结转化为理论学习讲解，再通过工作任务思考，发散思维，深化对新媒体实务的理解，配合《直播电商综合实训》教材，实现"工学结合"的人才培养机制。

5. 立足实际需求，学训结合

本书是在调研多家新媒体直播运营企业及院校新媒体教学实践体验后编写而成的，达到了一定的社会企业认可度及教学实践水平。《新媒体直播电商创业实务》与《直播电商综合实训》两本教材相辅相成，可以为新媒体相关专业学生及社会相关从业者提供参考。

本书配有在线课程、课件等数字资源，选取典型且实用的案例及专业平台操作流程进行讲解，供读者配套学习。

本书由王红蕾、魏奇慧担任主编，谷鹏、李中生担任副主编，并得到新道科技股份有限公司、畅捷通信息技术股份有限公司及清华大学出版社的精心指导和大力支持，在此，对众多专家、老师的辛勤工作与帮助，表示衷心的感谢！

由于互联网新媒体运营的内容、工具、方法具有很强的时效性，作为一种探索，书中难免会存在不足之处，恳请广大读者批评指正，以使本书日趋完善。

编委会

2022 年 6 月

教学资源获取方式

本书可配合云博课堂平台(https://c.seentao.com)使用，教学资源可从云博课堂 PC 端获取，具体应用流程如下图所示。注意：教材封底激活码自激活之日起，有效期 365 天。

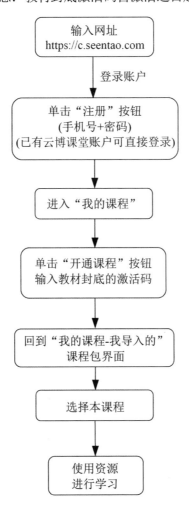

目录

项目 1　新媒体运营认知 ··· 1

    任务 1.1　媒体的历史与本质 ·· 1

        任务 1.1.1　媒体的概念与历史 ·· 1

        任务 1.1.2　媒体本质与营销应用 ·· 5

    任务 1.2　营销核心与模型 ·· 10

        任务 1.2.1　营销核心 ··· 10

        任务 1.2.2　营销模型 ··· 14

    任务 1.3　成交核心与模型 ·· 18

        任务 1.3.1　成交核心 ··· 18

        任务 1.3.2　移动互联网时代营销方向 ·· 20

    任务 1.4　消费者心理分析 ·· 22

        任务 1.4.1　从稀缺到过剩带来的消费者变化 ································ 22

        任务 1.4.2　从事实到关系带来的消费者变化 ································ 25

        任务 1.4.3　从集体到圈层带来的消费者变化 ································ 27

    任务 1.5　新媒体在营销中的运用 ·· 28

        任务 1.5.1　个人博客类新媒体应用 ··· 28

        任务 1.5.2　社交网络类新媒体应用 ··· 29

        任务 1.5.3　搜索引擎类新媒体应用 ··· 30

项目 2　私域流量打造与变现 ··· 33

    任务 2.1　互联网流量三大类型 ·· 33

        任务 2.1.1　认识流量的三大类型 ··· 33

        任务 2.1.2　认识社交流量的四层结构 ·· 36

    任务 2.2　私域流量的特点与优势 ·· 38

任务 2.3	私域流量的打造模型与应用技巧	40
	任务 2.3.1 搭建私域锁客权益体系	40
	任务 2.3.2 搭建高效私域运营团队	44
	任务 2.3.3 沉淀管理客户	49
任务 2.4	社交裂变与直播间运用	52
	任务 2.4.1 策划一场裂变获客活动	52
	任务 2.4.2 激励老顾客转介绍裂变	56
任务 2.5	直播间引流的五大技巧	60
	任务 2.5.1 利用红包吸引顾客加入私域	60
	任务 2.5.2 通过视频号引流到私域	64
	任务 2.5.3 通过朋友圈引流到私域	73
	任务 2.5.4 利用线上渠道吸引顾客加入私域	82
	任务 2.5.5 唤醒老顾客加入私域	85

项目 3 直播流程及运营 89

任务 3.1	直播流程与构成模块	89
	任务 3.1.1 直播行业认知与主播定位	89
	任务 3.1.2 直播流程与构成模块	97
	任务 3.1.3 直播规则与平台禁忌	102
任务 3.2	直播选品与供应链支撑	105
任务 3.3	直播脚本与编制技术	108
任务 3.4	直播后台与客户服务	113
	任务 3.4.1 直播后台及客户服务	113
	任务 3.4.2 搭建直播间	120

项目 4 直播间互动训练 127

任务 4.1	直播开场预热训练	127
	任务 4.1.1 直播开场训练	127
	任务 4.1.2 直播开场示例	131
任务 4.2	直播结语训练	132
任务 4.3	直播产品推荐训练	134

任务 4.4　直播粉丝互动训练 ·· 141

　　任务 4.5　直播带货常用技巧 ·· 145

　　　　任务 4.5.1　新手主播互动技巧 ·· 145

　　　　任务 4.5.2　直播间常见互动方式 ·· 147

　　　　任务 4.5.3　直播间 30 分钟带货示例 ·· 150

项目 5　**直播成交技巧训练** ·· 155

　　任务 5.1　消费引导的观念植入技巧 ·· 155

　　任务 5.2　商品展示的情景化呈现技巧 ·· 158

　　任务 5.3　价格说明的比例偏见引导技巧 ·· 160

　　任务 5.4　促单销售的心理账户促进技巧 ·· 161

　　　　任务 5.4.1　直播间常见追单促单技巧 ·· 161

　　　　任务 5.4.2　五大类粉丝提问的应对解答技巧 ·· 164

　　　　任务 5.4.3　向大咖学习直播成交技巧 ·· 166

项目 6　**主播镜头呈现训练** ·· 169

　　任务 6.1　主播个人呈现的基本原则 ·· 169

　　任务 6.2　主播形象打造与镜头感训练 ·· 175

　　　　任务 6.2.1　主播形象打造 ·· 175

　　　　任务 6.2.2　主播镜头要素 ·· 178

　　　　任务 6.2.3　主播镜头感训练 ·· 181

项目1　新媒体运营认知

任务1.1　媒体的历史与本质

任务1.1.1　媒体的概念与历史

任务目标

- 了解媒体的概念和基本分类。
- 了解媒体的发展历史。

内容解析

一、媒体的概念

媒体(Media)一词来源于拉丁语"Medius"，音译为"媒介"，意为两者之间。媒体是指传播信息的媒介。它是指人们用来传递信息与获取信息的工具、渠道、载体、中介物或技术手段，也可以把媒体看作实现信息从信息源传递到受信者的一切技术手段。

"媒"是"女"字旁，《诗·卫风·氓》中有"匪我愆期，子无良媒"，古语又讲"天上无云不下雨，地上无媒不成婚"。可见，很早之前，"媒"主要是在男女婚嫁中起传情达意的中介作用。

国际电话电报咨询委员会(CCITT)把媒体分成5类：

(1) 感觉媒体(Perception Medium)：指直接作用于人的感觉器官，使人产生直接感觉的媒体。如引起听觉反应的声音，引起视觉反应的图像等。

(2) 表示媒体(Representation Medium)：指传输感觉媒体的中介媒体，即用于数据交换的编码。如图像编码(JPEG、MPEG 等)、文本编码(ASCII 码、GB2312 等)和声音编码等。

(3) 表现媒体(Presentation Medium)：指进行信息输入和输出的媒体。如键盘、鼠标、扫描仪、话筒、摄像机等输入媒体；显示器、打印机、喇叭等输出媒体。

(4) 存储媒体(Storage Medium)：指用于存储表示媒体的物理介质。如硬盘、软盘、磁盘、光盘、ROM 及 RAM 等。

(5) 传输媒体(Transmission Medium)：指传输表示媒体的物理介质。如电缆、光缆等。

通常所说的"媒体"包括其中的两点含义。一是指信息的物理载体(即存储和传递信息的实体)，如书本、挂图、磁盘、光盘、磁带以及相关的播放设备等；另一层含义是指信息的表现形式(或者说传播形式)，如文字、声音、图像、动画等。多媒体计算机中所说的媒体，是指后者，即计算机不仅能处理文字、数值之类的信息，还能处理声音、图形、电视图像等各种不同形式的信息。

传统的四大媒体分别为电视、广播、报纸、杂志，此外，还有户外媒体，如路牌、灯箱的广告位等。

二、新媒体的三驾马车

1833 年的美国纽约，出现了一份报纸叫《纽约太阳报》，其他报纸都卖 6 美分左右，而《纽约太阳报》只卖 1 美分，其他的报纸商家都很诧异，觉得《纽约太阳报》印刷的成本都不止 1 美分。该报纸怎么敢卖这个价格？不亏钱吗？

《纽约太阳报》为什么敢卖 1 美分？因为报商接广告。报商不从消费者这里赚钱，而是从品牌商那里赚钱，厂家想做广告，就来找报商，来给报商广告费。这就是历史上最早的有据可查的媒体广告形式。

20 世纪 60 年代，在我国电视机开始逐步普及。那个时候的电视跟现在的不一样，不仅是黑白的，而且没有很多频道，但是那个时候电视在人们的心中是神圣的，甚至很多人会对电视机里面出现的那个人如何进入那个小盒子里感到好奇。

所以电视刚刚出来的时候，人们看电视跟我们现在不一样。现在我们下班回家看电视，在沙发上一躺想看什么就看什么；而那个时候人们看电视，晚上一家人坐在沙发上，把窗帘拉上，关上灯，打开电视，显得非常正式。

所以那个时候电视上的广告很有吸引力，播放的广告都会被观众追捧。但后来就不行了，电视史上出现了一个高科技的发明——遥控器，大家能换台，不想看广告的时候就可以换台。而且遥控器上有一个很好用的按钮叫静音键，如果每个电视台都在播广告，观众至少可以将其静音。随着电视技术的迅速发展，电视普及率越来越高，但是电视广告对人们注意力的抓取却一直在下滑。

(1) 博客/微博

2005年出现了一个变革性的媒体事件，即个人博客。2005年前后，个人电脑的普及率较低，写博客的时候，需要找一台电脑，登录网络账号，然后写一篇文章发表。所以，博客对于普通大众具有一定的门槛。

但是，博客的出现在整个媒体发展史上具有划时代的意义。原因是：传统媒体中的电视、广播、报纸都牢牢掌握在机构或组织的手里。个人是没有权利做一个媒体的。就算是自己创办一份报纸，也得注册公司并通过相应资格审核，才能开展媒体工作。但博客不用，从个人博客开始，每一个普通的个体，都具备了使用媒体的权限。

博客最开始是长博客，但长博客门槛高，作者必须有文采，还得坐在电脑前，所以后来个人博客尝试降低门槛，让更多的人可以进入，就演变成后来的"微博"。个人用手机就可以发微博，不需要写很长的专业文章，随手拍几张照片，加上几个表情和几句话，就可以发表了，非常简单。

微博门槛降了很多，但是微博有没有门槛？也是有的，比如有的老年人或者小朋友不会打字，图片和文字的承载能力又有限，怎么办？继续降低门槛后，就变成了现在非常火爆的短视频。

短视频火爆的原因有两个，一是门槛足够低，能够使全民参与；二是短视频承载的信息量和丰富度都大幅提升了。

总体来说，抖音、快手、微信视频号等的短视频模块，本质上就是个人博客，是每一个人都可以用来发表自己的观点、态度、看法和经历的媒体。

(2) 社交网络

随着媒体的发展，在2010年前后，出现了QQ、微信等社交网络。

社交网络的产生，也是信息技术发展的必然结果。在信息技术不够发达的社会，人们的"群体归属"更多体现为线下的集体，比如家庭、学校、单位，而信息技术发展与移动互联网的普及，让人们有了线下集体之外的"群体归属"需求，对应依托"移动互联网技术"而产生的社交网络就此应运而生。

社交网络和个人博客有一个共同的媒体特征,就是它们的权限都由原来的媒体机构变成了个人。

(3) 搜索引擎

媒体的发展,在移动互联网时代出现了第三个形态——搜索引擎。

搜索引擎的出现,有其时代的必然性。当媒体的权利通过"个人博客"和"社交网络"由机构转移到个人手中后,生产信息不再是机构的事情,每个人每天都在生产大量的信息,这种信息量,是传统媒体时代无法比拟的,这就是信息大爆炸。巨量的信息出现在互联网上,人们查找、筛选信息的工作变得困难,搜索引擎通过"关键词匹配"的功能,为信息生产方和信息需求方做了匹配。

综合以上内容,可知满足每个人"信息表达欲望"的个人博客、"群体归属欲望"的社交网络、"信息匹配欲望"的搜索引擎,共同组成了移动互联网时代新媒体的"三驾马车"。

这"三驾马车",通过不同的组合和侧重,形成了以下五种移动互联网时代的外在形态。

- 图文自媒体平台:微博、今日头条、大鱼号、企鹅号、百家号等。
- 短视频直播平台:抖音、快手、微信视频号等。
- 圈层与社区平台:小红书、豆瓣、知乎、贴吧、论坛等。
- 社交与联络平台:微信、QQ等。
- 长视频娱乐平台:优酷、爱奇艺、腾讯等。

需要注意的是,虽然各个平台在经营上都有所侧重,但是所有平台都在尝试满足人们的"信息表达欲望""信息匹配欲望""群体归属欲望"。比如,微信是社交平台,但是微信视频号与直播的功能模块则是让人们做信息表达,微信搜一搜的功能则可以满足人们信息匹配的需求。

再比如:抖音让人们记录美好生活,进行信息表达,但是通过粉丝团、粉丝群等方式,人们也可以在里面进行社交,产生群体归属感。

任务思考

- 新媒体与传统媒体的本质区别是什么?
- 新媒体从功能上可以划分为哪三类?请分别举出三个常用的媒体平台案例。

任务1.1.2 媒体本质与营销应用

任务目标

- 掌握媒体对于营销的价值。
- 了解媒体在营销中的常用方法。

内容解析

媒体对于营销的价值是占领消费者心智。比如用朋友圈发广告,在小红书上发内容,在抖音或微信视频号上发视频,目的到底是什么? 这一点需要想清楚。

其最根本的目的是:占领消费者的心智。

比如:"冷热酸甜,想吃就吃。""困了累了,喝红牛。""挖掘机技术哪家强,中国山东找蓝翔。"这三个广告语的效果图如图1-1所示。

图1-1

当这些词语没有被提及的时候,可能根本不会有人想起这些产品。但是提起这些广告语,我们的头脑中马上就能出现它的品牌或产品。这就是占领心智的结果。

在传统媒体时代,品牌方依靠电视广告、报纸广告、广播广告、户外广告来占领人们的心智,产生了很多经典的广告案例,为品牌带来了巨大的流量和收益。

如今,媒体的权力从机构转向个人,占领心智这件事情,也不再是媒体组织或机构的专利,每个人通过应用新媒体，都可以做到。

比如："OMG，买它！买它！买它！""不赚钱，交个朋友"这些都是具有较高辨识度的主播带货常用语。

2020年，有六大媒体占领消费者心智的典型事件：

1. 老乡鸡：公关赋能

2020年年底，老乡鸡创始人——束从轩，延续了200元预算开战略发布会的风格，发布了一个视频年终总结。束从轩穿着蓝色上衣，在视频中自我调侃道：年初时，他心里也定了一些小目标；说好了减肥，他胖了；说好了早睡，他忘了；说好了讲普通话，他又学废了；哎，真是在线打脸。说到公司目标，束从轩真诚地说道：说到打脸，现在想想，年初定的目标，确实有点草率了；不装了，他摊牌了；年初说今年必将突破1000家店，却只开到了978家；还说要北上广深杭都开店，结果只在深圳开了一家店。

网络段子、热门话题，束从轩信手拈来，如果不说他是老乡鸡的老板，大家还会以为他是一个脱口秀相声演员。其实，明眼人都知道，束从轩这就是在搞营销。但是，网友们就是喜欢他这一套，硬是把束从轩捧成了网红。在此之前，束从轩还因手撕员工联名降薪信，第一次走上热搜，被网友们称为良心老板。再上一次，束从轩还开了个只花费了200元的战略发布会，同样引起了网友们热议。由此看来，束从轩很有商业头脑，一分钱不花打出了一个亿的广告效果。图1-2所示为一家"老乡鸡"门店外观图。

图1-2

2. 新华联：全员营销

2020年4月份，新华联向全体员工发布了一个通知，鼓励所有员工在自己的抖音账号上发布公司项目相关视频。视频文字标题中只要包含"新华联一抖成名"的话题，就可以参加公司组织的评比，根据播放量、点赞量排名，第一名的员工将会获得几千元的现金奖励。新华联项目遍布国内外，包含了地产、酒店、文旅、商业等领域，一条通知下发后，网上关于新华联一抖成名的相关作品一下子多了起来。不仅如此，新华联同样鼓励消费者参与到这次赛事当中。5个月之后，数据统计表明，抖音平台上共产生了近万条"新华联一抖成名"的短视频，累计曝光量超过4000万次。这就是利用新媒体和组织全员的参与，带来了显著的品牌营销效果的案例。图1-3所示为新华联集团标志。

图1-3

3. 樊登读书：逆天涨粉

从2018年9月发布的第一个作品开始，截至2020年2月，樊登读书在抖音平台认证的账号有一百多个，累计粉丝超过1亿。短短一年多的时间，他们是如何达到这一高度的？在经过大量的数据分析和考察咨询后，有人发现了他们账号运营的规律。"樊登在抖音火得一塌糊涂！"自从2019年樊登读书在抖音上了几次热门榜单后，他的声音就在大家的手机上延绵不断。朋友圈全是樊登读书的推荐，甚至去健身房都能看到樊登读书的视频。在火爆全网的情况下，无数人开始关注樊登的账号，猜测其背景、团队、公司……但是，据调查，樊登读书抖音账号前期运营只有2人，并且都是第一次接触短视频。2019年到2020年，樊登读书在抖音上新增了上百个账号，而且每个账号都定义为不同的方向，如亲子、情感、职场等。短短的一年时间，抖音"樊登"账号矩阵增加了超过1亿粉丝。实现了巨大的曝光和引流价值，樊登读书的付费会员在这个过程中数量猛增,为品牌带来了巨大收益。图1-4所示为樊登读书会标志。

图1-4

4. "快明珠":双线联动

2020年,董明珠站台格力开展了13场直播带货,共进账约476.2亿元。董明珠曾表示,未来格力电器将聚焦四大板块——空调、生活家电、高端装备、通信设备,致力于打造成为一家多元化、科技型的全球工业集团。每一场直播成了格力展示其多元化转型成绩的窗口。在展示格力旗下产品的同时,格力直播线上线下的互动也越发频繁。在2020年"双十二"直播中,格力电器位于广东10个城市的30家线下也在同步直播,当董明珠和嘉宾在直播间使用蒸烤双能机等商品时,线下的消费者也在同步体验格力产品。"格力3万家,背后是上百万员工的生计。他就想做一件事,让格力3万家专卖店真正融入到互联网时代,把线上和线下结合起来,让消费者得到更进一步的、零距离的享受和体验。"直播现场,董明珠对格力探索"新零售"的初衷和目标进行了分享。不难看出,董明珠对互联网和新媒体的应用,更多的是调动线下实体店员工和直播间形成联动,依靠组织管理能力,赋能新媒体直播,从而带来企业业绩的提升。图1-5所示为格力品牌标志。

图1-5

5. "慢寺库"：专业导购

快手与寺库合作的奢侈品直播基地在2020年年底启动运营。这个基地配有7000平方米的走播展区，可供300位达人同时开播。据快手方面透露，未来快手将与寺库联手培养扶持中腰部主播，搭建周期合作矩阵，共同探索基地主播运营机制，实现基地开播流水线化。这些主播将以"走播"+独立直播间等多种形式进行直播，真实还原线下购物的场景，展示的品牌多达500个，包括服装、箱包、鞋靴和配饰等。和传统的直播模式不同，这里的主播更像是传统线下的导购，他们不依赖直播间"爆款走量"，而是依靠自己的专业和丰富的产品，几乎一对一为直播间的顾客提供产品推荐和导购服务。图1-6所示为寺库公司内部场景图。

图1-6

任务思考

- 直播开展初期，带货的业绩并不明显，是否可以评定为该直播无效？为什么？
- 五个新媒体营销应用的案例，你最喜欢哪一个？为什么？

任务1.2　营销核心与模型

🔔 任务1.2.1　营销核心

🗂 任务目标

- 理解市场营销的基本概念。
- 掌握市场营销发展的几个关键阶段。

🗂 内容解析

市场营销，英文是 Marketing，又称作市场学、市场行销或行销学，市场是商品经济的范畴，是一种以商品交换为内容的经济联系形式。对于企业来说，市场是营销活动的出发点和归宿。

市场营销既是一种职能，又是组织为了自身及利益相关者的利益而创造、沟通、传播和传递客户价值，为顾客、客户、合作伙伴以及整个社会带来经济价值的活动、过程和体系。主要指营销人员针对市场开展经营活动、销售行为的过程。

AMA(美国市场营销协会)在 1960 年对市场营销的定义是：引导货物和劳务从生产者向消费者或用户所进行的一切商务活动。

AMA 在 1985 年对市场营销的定义是：对思想、货物和服务进行构思、定价、促销和分销的计划和实施的过程，从而产生能满足个人和组织目标的交换。

接下来进行市场营销观念综述。

市场营销理念的演变大致经过三个阶段：传统观念阶段、市场营销观念阶段、社会市场营销观念阶段。传统观念阶段的营销理念包括3 种观念，即生产观念、产品观念、推销观念。

市场营销观念的演变与发展，可归纳为 6 种，即生产观念、产品观念、推销观念、市场营销观念、客户观念和社会市场营销观念。

一、生产观念

生产观念是指导销售者行为的最古老的观念之一。这种观念产生于20 世纪20 年代前。企业经营哲学不是从消费者需求出发，而是从企业生产出发。其主要表现是"生产什么，就卖什么"。生产观念认为,消费者喜欢那些可以随处买得到而且价格低廉的产品,企业应致力于提高生产效率和分销效率,扩大生产,降低成本以扩展市场。例如,美国皮尔斯堡面粉公司,从1869年至20世纪20年代,一直运用生产观念指导企业的经营。当时这家公司提出的口号是"本公司旨在制造面粉";美国汽车大王亨利·福特曾傲慢地宣称"不管顾客需要什么颜色的汽车,我只有一种黑色的",也是典型表现。显然,生产观念是重生产而轻市场营销的。

生产观念是在卖方市场条件下产生的。在资本主义工业化初期以及第二次世界大战末期和战后一段时期内,由于物资短缺,市场产品供不应求,生产观念在企业经营管理中颇为流行。中国在计划经济旧体制下,由于市场产品短缺,企业不愁其产品没有销路,工商企业在其经营管理中也奉行生产观念,具体表现为:工业企业集中力量发展生产,轻视市场营销,实行以产定销;商业企业集中力量抓货源,工业生产什么就收购什么,工业生产多少就收购多少,也不重视市场营销。

生产观念是一种"生产什么,消费者就消费什么"的观念。因此,除了物资短缺、产品供不应求的情况之外,有些企业在产品成本高的条件下,其市场营销管理也受产品观念支配。例如,亨利·福特在20世纪初期曾倾全力于汽车的大规模生产,努力降低成本,使消费者购买得起,借以提高福特汽车的市场占有率。

生产观念不足的地方表现在以下三个方面:

- 忽视产品的质量、品种与推销。
- 不考虑消费者的需求。
- 忽视产品的包装和品牌。

以生产观念为导向的营销活动具有以下特点:

- 供给小于需求,生产活动是企业经营活动的中心和基本出发点。
- 降低成本、扩大产量是企业成功的关键。
- 不重视产品、品种和市场需求。
- 企业追求的目标是短期利益。
- 坚持"生产什么、商家就卖什么、消费者就买什么"的经营思想。

二、产品观念

产品观念,也是一种较早的企业经营理念。产品观念认为,消费者最喜欢高质量、多功能和具有某种特色的产品,企业应致力于生产高价值产品,并不断加以改进。它产生于市场产品供不应求的"卖方市场"形势下。最容易滋生产品观念的场合,莫过于当企业发明一项新产品

时。此时，企业最容易导致"市场营销近视"，即不适当地把注意力放在产品上，而不是放在市场需要上，在市场营销管理中缺乏远见，只看到自己的产品质量好，看不到市场需求在变化，致使企业经营陷入困境。

例如，美国爱尔琴钟表公司自1869年创立到20世纪50年代，一直被公认为是美国最好的钟表制造商之一。该公司在市场营销管理中强调生产优质产品，并通过由著名珠宝商店、大百货公司等构成的市场营销网络分销产品。1958年之前，公司销售额始终呈上升趋势。但此后其销售额和市场占有率开始下降。造成这种状况的主要原因是市场形势发生了变化：这一时期的消费者对名贵手表已经不感兴趣，而趋于购买那些经济、方便且款式新颖的手表；而且，许多制造商迎合消费者需要，已经开始生产低档产品，并通过廉价商店、超级市场等大众分销渠道积极推销，从而夺得了爱尔琴钟表公司的大部分市场份额。××钟表公司竟没有注意到市场形势的变化，依然迷恋于生产精美的传统样式手表，仍旧借助传统渠道销售，认为自己的产品质量好，顾客必然会找上门。结果，致使企业经营遭受重大挫折。

产品观念的不足表现为：
- 易患市场营销近视症，即过分重视产品本身而不重视市场需求的变化。
- 忽视市场宣传。

三、推销观念和市场营销观念

市场营销观念是作为对上述诸观念的挑战而出现的一种新型的企业经营哲学。这种观念以满足顾客需求为出发点，即"顾客需要什么，就生产什么"。尽管这种思想由来已久，但其核心原则直到20世纪50年代中期才基本定型，当时社会生产力迅速发展，市场趋势表现为供过于求的买方市场，同时广大居民个人收入迅速提高，有可能对产品进行选择，企业之间为实现产品的竞争加剧，许多企业开始认识到，必须转变经营观念，才能求得生存和发展。市场营销观念认为，实现企业各项目标的关键，在于正确确定目标市场的需要和欲望，并且比竞争者更有效地传送目标市场所期望的物品或服务，进而比竞争者更有效地满足目标市场的需要和欲望。

市场营销观念的出现，使企业经营观念发生了根本性变化，也使市场营销学发生了一次革命。市场营销观念同推销观念相比具有重大的差别。

西奥多·莱维特曾对推销观念和市场营销观念作过深刻的比较，他指出：推销观念注重卖方需要；市场营销观念则注重买方需要。推销观念以卖主需要为出发点，考虑如何把产品变成现金；而市场营销观念则考虑如何通过制造、传送产品以及与最终消费产品有关的所有事物，来满足顾客的需要。可见，市场营销观念的4个支柱是：市场中心、顾客导向、协调的市场营销和利润。推销观念的4个支柱是：工厂、产品导向、推销、赢利。从本质上说，市场营销观念是一种以顾客需要和欲望为导向的哲学，是消费者主权论在企业市场营销管理中的体现。

四、客户观念

随着现代营销战略由产品导向转变为客户导向，客户需求及其满意度逐渐成为营销战略成功的关键所在。各个行业都试图通过卓有成效的方式，及时准确地了解和满足客户需求，进而实现企业目标。实践证明，不同子市场的客户存在着不同的需求，甚至同属一个子市场的客户的个别需求也会经常变化。为了适应不断变化的市场需求，企业的营销战略必须做出及时调整。在此营销背景下，越来越多的企业开始由奉行市场营销观念转变为客户观念或顾客观念。

所谓客户观念，是指企业注重收集每一个客户以往的交易信息、人口统计信息、心理活动信息、媒体习惯信息以及分销偏好信息等，根据由此确认的不同客户终生价值，分别为每个客户提供各自不同的产品或服务，传播不同的信息，通过提高客户忠诚度，增加每一个客户的购买量，从而确保企业的利润增长。市场营销观念与之不同，它强调的是满足一个子市场的需求，而客户观念则强调满足每一个客户的特殊需求。

需要注意的是，客户观念并不是适用于所有企业。一对一营销需要以工厂定制化、运营计算机化、沟通网络化为前提条件，因此，贯彻客户观念要求企业在信息收集、数据库建设、计算机软件和硬件购置等方面进行大量投资，而这并不是每一个企业都能够做到的。有些企业即使舍得花钱，也难免会出现投资大于回报而带来的收益减少的局面。客户观念最适用于那些善于收集单个客户信息的企业，这些企业所营销的产品能够借助客户数据库的运用实现交叉销售，或产品需要周期性地重购或升级，或产品价值很高。客户观念往往会给这类企业带来异乎寻常的效益。

五、社会市场营销观念

以客户为核心的市场营销观念，对应的市场营销策略是4C。4C包括消费者(Customer)、成本(Cost)、沟通交流(Communication)、方便性(Convenience)，如图1-7所示。

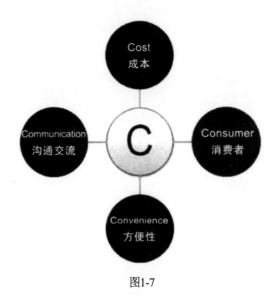

图1-7

不销售制造的产品,而要将满足消费者需求的产品售出;不要依竞争者或者自他的盈利策略定价,而是要通过一系列测试手段了解消费者为满足需求愿付出的成本;不要以自身为出发点,想着网点怎么布置,采用什么样的通路策略,而要关注消费者购买产品的便利性;不是想着如何通过媒体传播来提升销量,而要关注如何和消费者互动沟通。

任务思考

- 市场营销应当以产品为核心,这句话正确吗?为什么?
- 市场营销策略"4C"指的是什么?请对照具体的品牌或产品做出解释。

任务1.2.2 营销模型

任务目标

- 掌握以客户为核心的营销模型。
- 理解营销与销售的区别与关联。

内容解析

站在销售人员的立场看营销,营销是企业方应该开展的一系列工作。但是站在消费者的立场看营销,营销则包括一系列触达、触动消费者的因素。

【案例1】

早上9点多钟，小明的好朋友通知小明过两天来参加自己的婚礼，并跟小明说好好把自己收拾一下。

小明平时不太注重个人形象，头发有三五个月没有剪了，长长的乱成一团，小明照了照镜子，邋遢的样子把他自己都吓了一跳。

看来要剪个头发了。

小明产生了一个"剪头发"的想法，这对于整个美容美发行业来说，就多了一个流量。触发消费者动因，商家就可以获得流量。

商业世界都是如此，比如女孩子逛街，突然看到橱窗里面摆的一条裙子很漂亮，然后就进店逛一逛。"这条裙子很漂亮"就是消费者进店从而成为客流的动因。

小明产生了"想要理发"的想法后就下楼了，走到小区门口，看到街对面一排店铺当中有两家理发店。

左边第一家理发店，应该是刚刚开门，店铺中的灯还没有完全打开，店门口站着一个小伙子，头发染得五颜六色。

这个小伙子应该是刚起床，为什么？他的头发还没有打理，乱乱的揉成一团，顶在头上像个鸟窝一样。小伙子靠在门框上，无精打采。

而右边第二家理发店，店门口有一个漂亮的服务员，手里拿着水壶，正在给店门口的一排绿植浇水。店铺里面的灯光已经打开了，透过玻璃的大橱窗，可以看到墙上挂着两面锦旗。

如果你是小明，在第一家店和第二家店中，你会选择去哪一家？

相信很多人都会选择去第二家。为什么？因为第二家店让你产生的信任感要比第一家店强。

销售的前提是信任，产生不了基本的信任，后面的任何结果都无从谈起。

所以，第二个步骤：信任带来成交。获取消费者信任，就可以带来成交结果。

【案例2】

小明决定在第二家店理发，然后他穿过马路，走了进去。浇水的服务员把水壶放下赶紧走过来很热情地接待。小明进店坐下来之后，走来一位年轻的小伙子，这位小伙子走到他的身后，对小明说："先生你好，店里设计师剪发的价位是38元，总监级的价位是68，店长级的价位是98，您要选择哪一个？"

小明简单考虑了一下，选择了68元价位的总监级剪发。然后就是15分钟的剪发服务过程，

15 分钟后，发型师"托尼"跟小明说："剪完了，看看效果怎么样。"

小明照了照镜子，感觉整体还不错。然后就去旁边的收银台结账。收银台内，店员满面笑容地对小明介绍："先生您好，店里现在推出一个特别优惠的活动，您只需要充值 200 块钱办一张会员卡，今天剪头发的费用就可以直接打 5 折优惠。"

小明想：反正今后要经常理发，这里离家近，索性就办一张吧。于是就花 200 元充值了一张会员卡。

【问题】

15 天之后，小明的头发又该剪了，这次会选择在哪一家店消费？当然是第二家。因为第二家那里还有他充值的会员卡，卡里还有余额，如果不花，就太亏了。即便这个时候旁边开了第三家更好的理发店，小明也会选择第二家。

这就像商家给消费者设置了一个牵引，这种牵引会让消费者牵挂，在需要消费的时候自然而然地选择第二家。

所以，第三个步骤：牵引带来复购。

设计对消费者的牵引体系，让消费者不得不每次都选择你。日常消费中经常见到的会员积分、会员特权等，都是在尝试设置这种牵引。有了这种牵引，小明第二次、第三次、第四次都会选择在这一家消费。

有一天小明从这家店剪完头发回家的途中，在小区里面碰上了一位老同事，老同事见面就说："小明，真帅。"小明赶忙客气地说："哪有，就是刚剪了个头发。不过门口那家店有个叫托尼的，剪得确实还可以。"在这里，通过小明的分享，老同事了解到了这家店，甚至被触发了去这家店消费的动因。

这是第四个步骤：分享带来商家的"转介绍"。

如何让消费者把品牌分享出去，如何推动这种分享更快速，更高效，这同样是很多品牌在做营销的时候实际需要投入很多精力和资源去做的事情。

总结一下整个模型：**动因带来流量，信任带来成交，牵引带来复购，分享带来转介。**

图 1-8 所示为客户心理路径图。

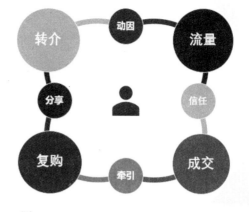

图1-8

对这个模型，可以拆解成两个部分来理解。

第一部分：从销售的角度来看，日常的销售工作主要是围绕流量、成交、复购、转介这四个指标来开展的。就直播电商来说，同样如此。

- 获取更多的直播间流量，也就是观看量、粉丝量，这是做好直播电商的重要指标；
- 获取直播间观众的信任，这是整个直播的过程中商家都要尝试去塑造的地方；
- 设置牵引，以促进粉丝在看过一次直播之后，下次还能进入直播间观看；
- 推动分享，比如"请直播间的各位宝宝把直播间分享给周围的小伙伴……"，这也是直播过程中需要重点考虑的事情。

纵观所有销售行业的工作，都脱离不了流量、成交、复购、转介这四重核心指标。

第二个部分：从营销的角度来看，营销从业者的日常工作主要是围绕动因、信任、牵引、分享这四个维度开展的。

- 营销部门设计一个"购物送礼品"的海报，主要是为了触发更多人的动因；
- 营销部门策划一个"全年最低价"的促销活动，主要是想要通过低价来获取消费者的信任；
- 营销部门规划"会员权益"，主要是为了打造一个让客户舍不得离开的牵引体系；
- 营销部门设计一个"朋友圈转发集赞送水杯"的活动，主要是为了推动分享这个动作的产生。

以上两个部分，相互支撑，紧密配合，共同带来企业营销目标的实现和销售业绩的提升。

需要说明的是，"动因、流量、信任、成交、牵引、复购、分享、转介"这个营销模型，在古往今来的所有商业案例中都得到了很好的验证，是开展营销和销售工作的核心模型。

任务思考

- 对照自身的某次消费经历，描述"动因、流量、信任、成交、牵引、复购、分享、转介"的整个过程是如何完成的。
- 在直播带货的前中后期，如何触发动因、获取信任、打造牵引、推动分享？

任务1.3　成交核心与模型

任务1.3.1　成交核心

任务目标

- 掌握消费者成交决策的核心三要素。
- 理解三要素不同产生顺序所催生的商业形态。

内容解析

成交，是所有营销销售工作的最终目的。图1-9所示为成交核心与模型图。

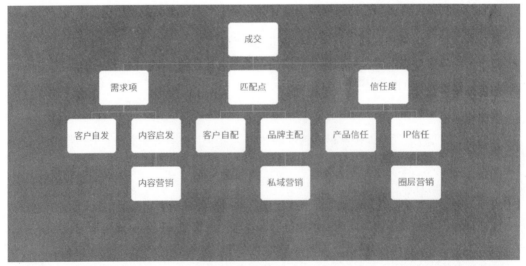

图1-9

上一节提到的"动因、流量、信任、成交、牵引、复购、分享、转介"这个营销核心模型中，其实每一步的核心目标都是成交。不管是流量的获取、复购的推动，还是口碑的建设，最终都是为了带来更多的成交。而成交这件事情的根本是消费者的购物决策。消费者购物决策中，有三个最基本的构成要素：需求、匹配点、信任。

【案例】

有一天，小明的钢笔坏了，需要买一支新钢笔，这是需求；可去哪儿买？买个什么样的？上网店，上面有很多各式各样的钢笔。这就是匹配点。网店里有很多钢笔，买哪一只？买哪个品牌。老品牌值得信任，最好还是品牌官方店自营商品，这样有品牌做信任背书，出现了什么质量问题也能及时退换货。这就是信任。

上面描述的就是需求、匹配点、信任，三要素缺一不可。但是，这三个要素的出现顺序，在近几年发生了很多变化。

第一种顺序：需求、匹配点、信任。

按照这个顺序进行的消费决策，通常是目的性很强的消费。比如钢笔坏了，去品牌网店找，信任品牌，产生购买，这就是需求→匹配点→信任；再比如，家里米面吃完了，去楼下超市，找到一直吃的那个品牌、那个包装的产品，产生购买，这也是需求→匹配点→信任；再比如，肚子饿了，去外卖平台上看，正好有喜欢吃的麻辣烫，选择评分很高的店家，就下单，这也是需求→匹配点→信任。

在电商平台，这种顺序催生了搜索电商。淘宝、天猫、京东都是搜索电商。搜索电商的特征，就是有"搜索框"。它们绝大部分的交易，都是从这个"搜索框"开始的。

在线下，这种顺序催生了专门市场。烟酒市场、服装市场、建材市场都是专门市场。专门市场的特征，就是产品大类或产品用途单一且集中。

第二种顺序：触点(匹配点)、需求、信任。

按照这个顺序进行的消费决策，通常都没有什么明确的购物目的，逛一逛之后产生了消费。比如女孩子周末逛购物中心，购物中心是个触点，逛的时候看到一条裙子很漂亮，自己很喜欢，这就是需求，然后看看品牌、价格等因素，导购员一一做介绍，产生了信任，就产生了购买。

这个过程，还发生在短视频和直播电商中。晚上吃过饭坐下来刷抖音，看到了主播的直播，这就是触点，看了两分钟之后，被主播推荐的小龙虾馋得直流口水，产生了需求，再一看，这个品牌挺知名的，主播也为它做信任背书，就产生了购买。

在电商平台，这种顺序催生了内容电商。抖音、快手、小红书都是内容电商。内容电商的特征是依靠内容吸引人，而不是只靠产品吸引人。

在线下，这种顺序催生了购物中心。餐饮、娱乐、购物全部集中在一起，就是为了通过这

种丰富的内容吸引人，让人们在其中闲逛的时候产生购买行为。

第三种顺序：信任、需求、触点（匹配点）。

按这个顺序进行的消费决策，大多都是因为对人的信任而产生了对产品的信任。比如，你的微信里有一个多年的朋友，甚至是你的闺蜜或老铁，你对他有先天的信任，刚好他在卖减肥产品。有一天，你发现自己胖了很多，想要减肥，找别人也不知道是否靠谱，至少他对你说真话。于是，你找到他，让他为你推荐合适的减肥产品套餐。这就是信任→需求→触点。

这个顺序，同样也发生在很多直播电商的过程中，某个主播把自己的两个双胞胎宝宝养得白白胖胖，同时，她也是国家职业资格认证的育婴师，通过个人IP的打造和日常的内容输出，她获取了大量的粉丝信任，大家育儿中遇到一些困难都会向她求助。有一天，你要给自己的宝宝买一个奶瓶，去这位主播的账号页面，发现她的销售中就有你需要的那种奶瓶，就产生了购买。这也是信任→需求→触点。

在电商平台，这种顺序催生了圈层电商。消费者因为信任某个主播、信任某个圈层的KOL（关键意见领袖，Key Opinion Leader）而产生了购买。

在线下销售中，这种顺序催生了微商，这种看起来像是某种电商形态的生意，其实本质是线下的关系带来的信任。

总结：搜索电商、内容电商、圈层电商，分别代表着不同消费决策。

决策路径是"需求，触点，信任"，用户心态就一个字：买，买完就走。决策路径是"触点，需求，信任"，用户心态就一个字：逛，喜欢就买。决策路径是"信任，需求，触点"，用户心态就一个字：跟，你卖就买。

任务思考

- 社区便利店、购物中心、微商分别是哪种决策路径，为什么？
- 因为决策路径的不同，淘宝直播、抖音直播、微信视频号直播有什么不同？为什么？

任务1.3.2　移动互联网时代营销方向

任务目标

- 掌握移动互联网时代营销的三大方向。
- 掌握内容营销、私域营销、圈层营销的概念和应用概况。

内容解析

消费者成交决策的顺序，带来了三种不同的电商形态：搜索电商、内容电商、圈层电商。营销核心与基本模型"动因、流量、信任、成交、牵引、复购、分享、转介"在这三种不同的电商形态中，执行侧重点也有所不同，这就带来了移动互联网时代的三个营销方向。

一、内容营销

指依托"有效内容"吸引流量，并刺激消费者产生信任，进而产生成交。内容营销，因其内容对大众具有普遍吸引力，所以能够吸引更多的流量，甚至跨越时间与空间限制，让生意的边界得以扩展。

比起其他载体，在网络中，内容营销可以在动画、文字、视频、声音等各种介质中呈现出来，对于目标客户更具有吸引力，但是"言之无文，行而不远"，在网络上如果给到客户的都是些空洞的内容、雷同的内容，甚至是抄袭的内容，不但不能起到营销的效果，还有相当大的反作用。

总之，只要是内容挂帅的营销，就是内容营销。有趣的是，它几乎可说与广告相反，并不追求短期或立即性的不理性的直接的行为改变，而是理性的、倾向长期意识的潜移默化，最后，内容营销可帮助企业达到"思想引领"的目的，扎实地提高用户的忠诚度、黏度，人们的资讯来源愈来愈多样化，也促使人们一定要上网找遍资讯内容，货比三家，这时更显得内容营销的重要。

二、私域营销

依托"社交网络"经营流量，推动消费者产生信任，进而产生成交。私域营销，因其重点是客户关系的长期经营和精细化管理，所以能够产生多次的转化成交，甚至突破产品类别的限制，让生意的边界得以扩展。

在 PC 时代，商家无法直接触达自己的消费者，因为用户都是平台的。商家只是平台的广告主和商品搬运工，每付一次广告费才能产生一笔订单，就像每月付租的房客。

但在移动互联时代，商家可以通过微信、微博、快手、抖音等工具直接触达消费者，这就形成了"私域流量"，代表着商家不再只是某平台的租客，而是拥有了自己的房子，有了产权。移动互联时代，劳动力变得稀缺，谁能够提供好的直播、好的短视频、个性化的产品和服务，谁就是拥有稀缺劳动力的人。而这时候，平台不得不开始把产权分给这些能够创造优质内容、拥有劳动力的商家。

未来电商的核心是私域流量，是产权，给那些内容生产者产权是每一个平台都会争取和塑

造的核心运营的模式。而短视频、直播、优质的货源和服务，也将是每一个商家的核心竞争力。商家必须掌握这些能力，提供更个性化的服务，才能够获得拥有产权的私域流量。

三、圈层营销

依托"个人+IP"吸引流量，并推动消费者产生信任，进而产生成交。圈层营销，因其重点是打造个人品牌让消费者产生无条件信任，所以能够在很大程度上获得粉丝忠诚，甚至超越理性范畴，让生意的边界得以扩展。

从广义上讲，圈层即具有相同社会属性或相似兴趣爱好的人群集合体。欧洲近代产生的"文化沙龙"是圈层活动的最初表现之一，而在现代，我们把相似的人贴上标签，比如这群人是北上广刚毕业的白领(地理划分)、这群人热爱嘻哈文化(心理划分)、这群人家里有3~5岁的孩子(人口统计划分)，遂为圈层。

知道了圈层的含义，圈层营销的意思就不难理解了。圈层营销这个词最早在地产行业使用，就是指在营销中，把目标客户当作一个圈层，通过针对他们的一些信息传递、体验互动，进行准确有效的营销。

相比于互联网时代人们常提及的精准营销，圈层营销更倾向于把人聚到一起，通过小圈子、强关系的人际传播形式打通信息流转触点，引爆营销话题，让产品影响力指数级扩散，甚至最终影响到圈外人士。

📖 任务思考

- 内容营销、私域营销、圈层营销各自侧重的方向是什么？
- 在直播带货的前中后期，如何应用内容营销、私域营销、圈层营销？

任务1.4　消费者心理分析

🔔 任务1.4.1　从稀缺到过剩带来的消费者变化

📖 任务目标

- 理解精神属性价值产生的原因和意义。

- 掌握挖掘精神属性的方法。

内容解析

从商品稀缺到产能过剩，消费者注重的不再单纯是一件产品的物质属性，而是它的物质属性和精神属性共同构成的强大的力量。

在很多 80 后的记忆当中，都有物质稀缺的经历。在 20 世纪 90 年底，很多上小学的小朋友永远只有一双鞋。什么意思？就是只有把一双鞋子穿破了，才会购买下一双。唯一例外的时候，就是学校要举办体操比赛或者运动会，老师要求所有同学全部统一成白色鞋子，那个时候才会买一双白鞋。

对比一下现在，很多人家里有一个专门的鞋柜，里面会摆放十几双甚至是几十双鞋子。有些鞋子一年四季都没有穿过。这就是从物质稀缺到产能过剩，这是整个社会的发展，也是中国整个国家的进步。

在产能过剩的时代，人们购物注重的是什么？和原来的购物决策有什么变化？

举例：

二十年前的烤全羊，大家围着桌子，看到羊肉端上来，忍不住流口水。吃的时候，大口吃肉，大口喝酒，吃的是羊肉本身，为的是味觉的享受。

现在，"烤全羊"已经完全不一样了。在安徽一家五星级酒店，其推出的烤全羊非常吸引人。它的基本情景是这样的：

顾客坐在包厢内，首先会听到包厢外响起异域风情的音乐声，然后包厢门被打开，走进来四名礼仪小姐，身着民族特色服装，手上捧着洁白的哈达。后面跟着四名壮汉，同样穿着民族特色服装，抬着一个轿子，轿子上放着烤全羊，烤全羊的上面盖着一块红布。

同时走进来的，还有一位身着蒙古族服装的中年人，他向所有宾客敬献哈达后，对宾客介绍道："这只羊，出生在一望无际的内蒙古大草原，头顶着白云阳光，脚下是青青草地，吃的是原生牧草，喝的是自然甘泉。一年后，它跨过 3000 多公里，来到酒店，经过星级大厨 24 小时按摩和 16 道工序烹制后，呈现在大家面前……"

介绍完毕，中年人从轿子里抽出一把切羊肉的小刀，拿过一个盘子，轻巧而熟练地切下三片羊肉，送到包厢内主宾的面前，然后说几句祝福语。整个仪式，持续了 30 多分钟。这个时候，宾客吃的烤全羊，享受的只是羊肉的物质属性吗？其实不是，宾客更享受的是整个过程的异域风情、尊享度、仪式感。

那么，品牌或产品的精神属性，要如何挖掘、塑造呢？

【案例1】

平时市场上一斤柿子卖几元钱，但是一种叫"善果"的柿子，可以卖到70~80元一斤。为什么？因为"善果"这个名字被赋予了精神属性，商家对它的诠释为"种善因、得善果"，更是让很多人提前一年去抢购这件产品。有网友留言说：已经快10年没有见过高中班主任了，如果不是班主任高三那年对自己的严格要求，他就不会顺利考上重点大学，更不会有现在事业的成功。感恩老师，因此为高中班主任预定一份。图1-10为"善果"柿子的营销文案。

图1-10

买"善果"的顾客，期待的不是这个柿子有多好吃，而是这个"善果"向外界表达的中国人几千年的传统观念：福报。

【解读】

对"柿子"的精神属性的挖掘，就是利用了"秋天红彤彤的果实"和"种善因、得善果"这个观念的内在关联扩展衍生。所以，对品牌或产品的精神属性的挖掘，可以根据产品本身的特性扩展衍生而成。

【案例2】

有一个叫"DR"的钻戒品牌，设定了这样一个品牌理念：男士一生只能订购一枚。并且在日常销售中做出这样的操作规定：男士购买戒指，必须提供自己的身份证号，同时提供要被赠女士的身份证号，两人的身份证号绑定在一起录入系统。男士购买一枚后，就再也不能购买DR这个品牌的戒指给其他女士。这一点，让无数女士为之着迷，因为爱情本就应该是忠贞的、唯一的、一生的。图1-11所示为DR钻戒广告效果图。

图1-11

【解读】

"DR"的精神属性挖掘,其实和产品本身的属性关联不大,"男士一生只能购买一枚"是一个凭空创造出来的精神属性,这个精神属性适配消费者对于这件产品和相关事件的期待。所以,这一类精神属性挖掘,是从消费者出发的。

【总结】

精神属性的挖掘,可以根据产品本身的特性扩展衍生而成;也可以从消费者的自身需求出发,针对性地给予满足。

任务思考

- 从身边企业产品中,随机挑选一件产品,挖掘它的精神属性,并和物质属性相结合,提炼消费者购买该产品的5个理由。
- 内容营销的趋势是否与精神需求相关?请分析说明。

任务1.4.2 从事实到关系带来的消费者变化

任务目标

- 理解关系价值产生的原因和意义。
- 掌握关系价值经营的方法。

内容解析

- 事实世界"对事不对人",关系世界"对人不对事"。在关系世界中,"人"赋予"物"

独特的、与众不同的、存在于主观世界而不是客观世界的价值。

- 什么是关系世界？什么是对人不对事？

【案例】

小明一大早就换上运动服准备去健身房，小明的妻子见状，气鼓鼓地对小明说：整天往健身房跑，都多久没陪我逛街了……

小明：那就一块去健身呗，反正你也有健身卡。

小明妻子：你是不是对我有意见？！

小明：讲点道理好不好……

小明妻子：我怎么不讲道理了？！

小明：……

以上的举例，就是对人不对事的关系世界。

思考一个问题：淘宝知名主播都是卖什么的？这个问题很难有标准答案，因为他们卖零食、卖服装、卖化妆品、卖日化、卖房子、卖车子。而且，几乎每卖一类产品，他们的直播间都能做到"秒空"。

这和传统认知的销售和消费者状态完全不一样。

如果你想要买一套房子，你会选择一个对房地产很了解，对业务很熟练的专业职业顾问，还是会选择一个第一天入职的销售"小白"？相信你的选择会是那个专业顾问，因为他能够给你提供最专业的建议和最贴心的服务。

可是，这些主播在房地产方面几乎没有什么专业度，为什么人们会在他们的直播间买房？这里面当然有"价格优惠"这个因素，但更重要的是，直播间的粉丝喜欢他们、信任他们，因为信任主播而信任主播直播间的产品，进而产生购买行为。粉丝甚至没有听完主播对产品的完整介绍就已经做了购买决定，是典型的"对人不对事"。

移动互联网世界对每个人生活的渗透，让人们原来可以在线下集体当中获得的社交关联的强度正慢慢降低。但是每个人对于社交的渴望又一点都没减少，这时候基于移动互联网的线上社交和关系，对消费者就产生了更大的影响。

营销工作，需要利用消费者的这种心理需求，更多地从关系层面建立和消费者的信任，而不是单纯依靠事实世界的呈现。

而关系价值的经营，主要从两个方面开展，一是利益关联形成的关系，二是情感关联形成的关系。要做好关系的经营，需要从这两个方面同步开展，缺一不可。

任务思考

- 在关系世界当中,直播带货"货更重要"还是"粉丝更重要"?为什么?
- 私域营销的趋势,是否与关系世界价值相关联?请分析说明。

任务1.4.3 从集体到圈层带来的消费者变化

任务目标

- 理解圈层产生的原因和意义。
- 掌握常见圈层及其商业应用。

内容解析

亚里士多德说"人是社会性动物",人有先天的群体属性。集体环境下的个体观念会被同化,被统一;圈层环境下的个体观念会被鼓励,被彰显,被接纳。

"物以类聚,人以群分。"在互联网快速发展及其对社会生活深度影响的今天,"圈层文化"现象正在逐渐渗透到人们的日常生活中——基于互联网营销的变化,绝大部分互联网用户,都会有意无意地深入到一定的圈层中,如时尚圈、数码圈、汽车圈、国潮圈等。同一圈层的人们具有共同的兴趣爱好,或者近似的职业特征和生活环境,成为企业和商家不可或缺的营销目标。

"圈层文化"的消费人群,对产品的价格并不敏感,而更在意消费决策背后的用户标签,即买东西的时候给自己打标签,思考自己想成为什么群体中的人。下面我们就以国潮圈为例,来了解圈层文化的特征。

国潮风的兴起,在近几年的中国商业街中有很多体现。比如运动服饰品牌——中国李宁。2008 年,李宁借助北京奥运的机会,整个业务应收就已经接近了 100 亿,但是公司突破 100 亿却经历了 10 年的时间。其中一个非常重要的原因,就是整个中国社会国潮风的兴起。2018 年,李宁在纽约时装周上秀出了一批以上世纪七八十年代中国运动员队服为蓝本的服装款式,瞬间引爆国内媒体,年轻人高呼:原来李宁这么潮。在前胸后背印上大大的"中国李宁"标记的衣服受到热捧。不得不说,这里面既有"复古"元素兴起的助推,更重要的是有着中国几亿年轻国民自信提升的促进。文化基因的复兴、时代环境的催生,让"国潮风"这个具有非常显著中国特色的、为中国"Z 世代"所独有的圈层迅速崛起。

国风国潮中的文化观念，有对古风的迷恋、对爱国的执着、对中国文化符号的喜爱，其国风是多元的，既可以是对红色革命文化的认同，也可以是对传统汉服的认同，还可以是对故宫和春晚节目唐宫夜宴的喜爱。

汉服、中国元素服饰、东方彩妆、文物盲盒，是"Z世代人群"国风消费的最突出表现。

任务思考

- 在你的生活中，是否见过国潮风圈层的人群？他们有什么特征？请列举说明。
- 在直播带货中，主播如何利用圈层吸引粉丝？请思考说明。

任务1.5 新媒体在营销中的运用

任务1.5.1 个人博客类新媒体应用

任务目标

了解个人博客类新媒体的主要平台及特征。

内容解析

- 个人博客类，主要依靠其内容的多元性、触达并启发消费者的需求，在一定程度上通过内容获取消费者信任，进而带来商业价值。
- 抖音是个人博客类的典型，他通过一条一条的短视频来触达消费者，并刺激消费者的需求和购物欲望的产生，通过视频带货、直播带货等方式为企业带来营销价值。

图1-12所示为抖音品牌标志。

图1-12

小红书是个人博客类的典型，他通过普通大众的产品体验类的内容种草，让消费者可以更加深入地了解品牌属性、产品使用方法、产品文化内涵，从而使品牌或者产品获得消费者的青睐。图 1-13 所示为小红书品牌标志。

图1-13

📌 任务思考

在互联网主流平台中，还有哪些是属于个人博客类的？请举例分析并说明。

🔔 任务1.5.2　社交网络类新媒体应用

📌 任务目标

了解社交网络类新媒体的主要平台及特征。

📌 内容解析

社交网络类，主要依靠其社交属性和网络关系，通过构建人与人之间的互动与信任体系，帮助企业实现对客户的终身价值挖掘。

微信是社交网络类的典型，它通过强关系的好友圈和弱关系的社群功能来实现人与人之间的互动交流，并通过日常化的牵引动作使消费者对社交网络产生归属感，从而实现信息的触达、信任的获取和成交的推进。

图 1-14 所示为微信品牌标志。

图1-14

快手的成功,也在一定程度上利用了社交网络的属性。快手当中依托粉丝聚集形成的圈层正是依托互联网产生的社交网络的一种体现形态。与抖音不同,快手当中的内容不是单纯看质量,而是看内容是否能够体现个人人设,通过内容体现的个人人设,聚集人群形成社交网络。

图1-15所示为快手品牌标志。

图1-15

任务思考

在互联网主流平台中,还有哪些是属于个人社交网络类的?请举例分析并说明。

任务1.5.3 搜索引擎类新媒体应用

任务目标

了解搜索引擎类新媒体的主要平台及特征。

内容解析

搜索引擎,就是根据用户需求与一定算法,运用特定策略从互联网检索出指定信息反馈给用户的一门检索技术。

随着全民媒体时代的到来,互联网上的信息呈现爆炸式的增长。信息多了,人们想要获取对自己有效的信息,就需要从互联网的汪洋大海当中去寻找相应的内容,这个时候搜索引擎就可帮助消费者提升寻找内容的效率。

运用新媒体做营销的时候,一定要有关键词思维。也就是说当品牌在做内容的生产和输出的时候，应该尽可能地去明确内容的关键词。这样，消费者在互联网上搜索相应的关键词就可以很快找到品牌和产品。

百度和谷歌是搜索引擎类的典型，它利用人们对搜索引擎的依赖和使用习惯，在人们检索信息的时候将信息传递给目标用户。搜索引擎营销的基本思想是让用户发现信息，并通过点击进入网页，进一步了解所需要的信息。企业通过搜索引擎付费推广，让用户可以直接与公司客服进行交流，实现交易。

图 1-16 所示为百度品牌标志。

图1-16

任务思考

在互联网主流平台中，是否有平台同时集合了个人博客、搜索引擎、社交网络三大功能特征？请分析说明。

项目2　私域流量打造与变现

任务2.1　互联网流量三大类型

🔔 任务2.1.1　认识流量的三大类型

📌 任务目标

- 了解流量的基本特征。
- 掌握流量的三大基本类型。

📌 内容解析

流量，对于每家品牌来说，都可以说是生意的基础保障了。本书中要讲到的私域流量又是什么？应该如何理解并运用私域流量？本节将从三个方面解读：第一个方面是流量解读，会为大家详细剖析品牌流量的困境与原因；第二个方面是营销认知，也就是为了获取流量，可以做哪些事情；第三个方面是私域价值，也就是私域流量可以给公司带来的品牌收益。

一、流量解读

如果你经营一家品牌超过 8 年，你一定能够感受得到现在线下品牌的流量和十年前已经大大不同。有一位做时装的老板告诉我，多年前她从广州背回来一麻袋牛仔裤，放在档口，一个上午就被抢光了，甚至有时候还没有完全拆开麻袋，就会有人聚拢过来。

可现在的情况呢？老板打电话问自己的员工，为什么今天生意这么差，员工大多会回复老板说:"老板,因为今天客流太小了,你看,今天外面太阳这么大,人们都不出来逛街。"有人戏称,零售生意现在和种庄稼一样,叫"靠天吃饭"。

可是,真的是"天气"让门店现在的客流不如几年前吗?肯定不是。原来整条街只有一家超市,现在同类型的已经有3家了。不可否认,竞争品牌抢走了一部分流量。(同行品牌)除此之外,这几年经常说,"淘宝"平台搞得线下生意越来越难做,线上的电商渠道抢走了很多流量。原来顾客必须线下在实体店中购买,现在躺在床上点点手机就可买东西,过几天,这个顾客来到你店内,不是买东西,而是取快递。(各类直播电商)

除了以上两个方面,还需要注意的是,门店的流量其实还有相当大一部分,是被异业形态抢走的。十年前,一个年轻女孩,下午五点钟下班后,经常会和闺蜜逛逛街,吃吃饭之类的。可是现在?下午五点钟下班,可以有的选择太多了。她可以逛逛街,也可以和朋友一起看场电影,可选电影很多,电影票又便宜。她还可以去吃网红小吃,现在很多街边小吃店都变成了打卡地。再不行,她可以回家,躺在床上,刷抖音,不知不觉就能刷2个小时。

原本人们的业余生活相对单一,逛街是一个挺有趣的娱乐选项。可是现在,互联网爆炸式的发展和在各个领域的应用,吸引着人们的注意力,注意力到了哪里,流量也就去了哪里。(异业形态)

既然注意力在哪里,生意就在哪里。那现在人们的注意力集中在哪里?

二、流量类型

流量主要分为三种类型:

第一种,称作内容流量,也就是因为内容而吸引人们的注意力。很典型的就是短视频平台,点开一个短视频APP,总能够在里面看到很多有用的知识、感人的故事、有料的新闻、搞笑的段子。这些内容让你不知不觉地上瘾,并在上面消耗大量的时间,这就是内容流量。

第二种,称作电商流量,也就是因为"想买东西"的本意而产生的注意力的投入,比如典型的京东、淘宝这些平台所吸引的流量。

第三种,则是我要重点讲的社交流量了。人是社会性动物,有着先天的群体意识和社交需求,所以在社交活动上总是会投入大量的注意力。比如,微信这种熟人社交平台,抖音这种陌生人社交平台,都在近些年获得了庞大的用户流量。

以上三种类型,以短视频为例,2021中国移动互联网年度报告的数据表明,短视频的用户规模已经达到了9.34亿,如图2-1所示为2016~2021各年度中国短视频用户规模统计情况。

图2-1

所以,对于品牌来说,流量的突破口在内容和社交便利两个方面。

对于内容流量、电商流量、社交流量平台,能否获取到品牌?

其实回顾一下就会发现,很多企业可能很早就已经在用了。比如,快过年的时候,在超市门口挂着一个条幅,"今年过节不收礼,收礼就收脑白金",这就是希望通过这句话的内容输出,触动一些消费者,获取一部分流量。

再比如,很多线下品牌,在京东/天猫上开旗舰店,这也是想要获取电商流量。

再比如,顾客进门的时候,销售人员礼貌地喊一句"欢迎光临",和顾客聊十分钟之后熟悉了,销售人员就"王姐""李哥"的开始喊了,为什么要喊"哥"和"姐",就是因为店员想要用社交的力量,让顾客彻底变成他的流量。

对于终端品牌来说,电商流量不用说,能建设线上渠道,当然要比单一的只做线下好。

内容流量这部分,在以往更多是由品牌的专职部门(比如市场部),或者由专门的机构(比如传媒公司)来做的。即便现在有抖音这样的自媒体平台,很多企业也还是请第三方 MCN 机构来做这个事情,因为它需要有一定的内容输出和包装能力。

就像"每日黑巧",从这个品牌的公众号、视频号、抖音账号、B 站的账号里,都能够看到非常不错的内容输出。但这里面的内容,基本也都是由品牌官方制作和发布的。图 2-2 所示为"每日黑巧"的包装效果。

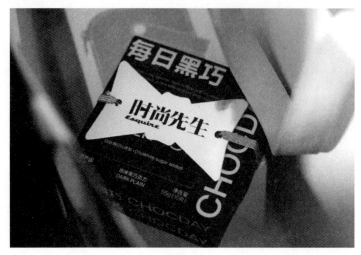

图2-2

任务思考

- 流量稀缺的时代,直播带货要想获取更多流量,要从哪三个方面着手?请分别说明。
- 结合自身特点,分析自身在哪种流量类型中有优势,为什么?

任务2.1.2 认识社交流量的四层结构

任务目标

- 掌握社交流量的四层结构。
- 能够按照四层结构对品牌顾客进行分类。

内容解析

社交不仅是人人会做,人人可做,而且社交也只能由每一个人来进行,无法使一个机构或组织来和顾客社交。

从社交的角度来说,没人喜欢和一个冷冰冰的组织或机构交往。所以每家品牌的每位员工,先天就具备吸引社交流量的基础,他每天在销售中和顾客一对一接触,社交流量在这样的一次次人与人的接触中,才会产生。

总体来说,内容营销需要有一定的内容生产和包装能力,更多责任在品牌,而社交营销,也就是用社交的力量让顾客融入自己的私域,并长期经营和转化的私域营销模式,更多的责任在销售者自身。

那如何评判私域营销做得是否好？可以按照以下四个基本层次来进行评估：

第一层叫可触达，也就是顾客离店后，商家还随时能联系到他，这样商家的信息就能够做到对顾客的及时触达；

第二层叫可牵引，指的是顾客离店后，对商家有牵挂，总能时不时地想起商家，这样他回来复购的可能性就会大增；

第三层叫可成交，也就是说顾客离店后，下次能够因为商家的影响，再次回来购买；

第四层叫唯忠诚，也就是说顾客只来商家的店，只找商家买，他百分百信任商家，并视商家为好友或知己，所以他甚至会介绍周围的朋友到商家这里购买产品。

那如何能够达成这样的效果？希望通过对本课程的学习，您可以逐渐升级，具有完美经营自己私域的能力。

好的私域经营会给品牌带来怎样的收益？来看一个案例：2021年3月安利公司通过小程序平台进行了一场私域直播，短短2小时的直播，在线人数达到43万，最后的总营销额接近5亿。

安利成功的重点就在于私域流量的运营，对粉丝进行沉淀，同时借用专业工具开通小程序直播，利用直播对用户进行转化。图2-3所示为一名主播的安利产品陈列效果。

图2-3

再看一个案例：一家女装店通过对私域的经营，拥有了3000个忠诚的私域流量。这家店的年度业绩能做到多少？

假设顾客每次消费的平均客单是500元，一年四季，顾客每个季节买一套衣服，一年就消费2000元，商家有3000个这样的顾客，他们信任这家店，视为知己，只通过这一个商家购买。

那么，这家店一年就至少有 600 万的销售业绩。单店 600 万业绩，这在很多品牌，都是难以达到的一个高标准。而这只需要商家全力经营好这 3000 个私域流量。

但目前很多品牌，每天想的事情不是怎么经营好自己的私域，而是如何获取新的流量。获取新流量当然没错，但是如果获取了却不去经营，就像割韭菜，割一茬就一了百了，那就真的大错特错了。

营销学上有个概念，叫开发一个新客户的成本，是维护一个老客户的 5 倍。私域营销，既能降低商家的成本，又能让商家的业绩稳定提升，何乐而不为？

总结：从顾客的角度观察，会发现注意力在哪里，流量就在哪里；内容流量、电商流量、社交流量这三种，最适合品牌来做的就是社交流量，也就是要经营好自己的私域，向可触达、可牵引、能成交、唯忠诚这四个层次努力；做好了私域营销，既可以降低成本，又能够提高并稳定业绩。

任务思考

2019—2020 年，关于品牌非常火爆的几个词："私域""直播""短视频"，它们有什么内在的核心关联吗？请分析说明。

任务2.2　私域流量的特点与优势

任务目标

- 掌握私域流量的两大特点。
- 掌握私域流量的五大优势。

内容解析

一、私域流量的主要特点

- 获取难度取决于你的公域流量来源。譬如你的淘宝店铺、京东、拼多多、线下以及你的抖音、微博，日常的老客户和粉丝积累，决定了你的私域流量汇聚难度。
- 黏性高。拿私域流量的典型代表——微信好友来说，只要一个客户是你的微信好友，就可以通过发消息、发朋友圈的手段，将你的信息自由、反复、稳定地传递给他。微商就是让普通人变成微商品牌的分销商。而每个人都会有自己已有的私域流量(亲朋好友），所以这些微商分销商就能够通过已有的私域流量，直接进行营销信息的传递。

二、私域流量在营销当中的五个优势

1. 更易转化

在传统的生意经营中，流量主要来自公域。某个公域平台上有100万用户，但这100万用户是平台的，而不是品牌的。所以品牌方只能通过运营，将这些用户导入到自己的经营平台中，再为这些用户提供后续的有针对性的服务。例如，用户喜欢在抖音刷短视频。当他们对其中一个视频感兴趣时，可以选择关注账号，也就是内容创作者。当越来越多的用户关注账号时，账号 IP 就成了所谓的网络红人，并在特定领域有一定的影响力，他背后的一大群粉丝就是属于他的"私域流量"。

2. 更省费用

所有的流量都是有成本的。线下开店，要选在人流量大的商业街，就是想用房租的成本换流量；线上开店，要投排名、关键词、直通车等，用这些费用成本换流量。

但是，人们一旦成为你的粉丝，就相当于是用自己对粉丝的吸引力作为成本换流量。回到第一项所说的短视频账号的案例中，所输出的优质短视频，就是流量成本。在人们成为你的粉丝之后，你还可以通过后期更为精细化的运营提升粉丝体验，让他们可以产生多次复购，这时候复购的流量成本就更低了。甚至，你的粉丝会转介绍新的客户，这种转介绍得来的流量，直接费用也几乎是零。

3. 更丰富的营销方式

当消费者在公域，你对于消费者的触达，受时间、空间、媒体工具等条件的限制，所以营销的方式非常受限，你必须表现出强大的吸引力，才会让别人主动来找你。

可是，当你采用私域的方式运营，私域流量随时可以触达，也可以以任何你想要的频率触达。更多、更有趣的营销玩法也就成为了可能，比如文章分享、朋友圈触达、红包吸引、奖励设定、评论互动等。

4. 更高的客户稳定性

私域流量可以有效防止用户的流失。在公域流量时代，消费者消费一次，后续是否再次消费，品牌方是很难控制的。如果客户流失了，什么时候流失的，因为什么流失，品牌方也很难找到真正的原因。

但是在私域流量的经营中，品牌方可以通过私域平台与用户产生更多的互动，在互动过程中，与用户产生更多的利益连接和情感连接，使得客户的稳定性大大提升。另一方面，随着在私域中品牌方对用户的了解深入，也可以更加精准、更加快速地对客户个性化需求做出匹配和响应。这无疑会大大提升客户的消费体验，使得客户稳定性进一步得到巩固。

5. 更有利于塑造品牌和个人IP

更高频的交互，更精准的匹配，更贴身的体验，必然会塑造品牌在消费者心目中更完美的形象。这将更有利于塑造品牌，也更有利于塑造个人IP。

而更好的品牌形象、更有温度的IP，会反向助推更多流量向私域转化。这种正向的循环一旦形成，对品牌发展无疑会产生极大的帮助。

任务思考

有人说"私域流量的经营需要成本，公域流量的获取也需要成本，商家更重视公域流量还是私域流量，取决于哪一个成本更低"。请对这句话作出分析，说明公域流量和私域流量的动态平衡是如何实现的。

任务2.3 私域流量的打造模型与应用技巧

任务2.3.1 搭建私域锁客权益体系

任务目标

- 了解四种常见的私域会员模式
- 掌握6类订阅制会员的搭建方法
- 掌握私域锁客会员权益体系的设定与管理方法。
- 了解私域锁客会员权益管理中的常见误区。

内容解析

在这个课题中，有两个字对这一章节来说意义重大，就是"吸引"。建设私域流量池，最终是为了实现长期的客户经营和持续的转化变现。

所以如果这个过程中，有任何策略的设定或行为的偏差，让顾客觉得不舒服，即使顾客进入了私域流量池，也会很快流失，无法真正对私域经营做出贡献。所以"吸引"这两个字就很重要。那商家靠什么吸引顾客加入？

会员权益是非常重要的一个方面。接下来从两个方面对会员权益的设定与管理，做分析说明。

第一个方面，是会员权益的设定，即一家主播或者一个品牌怎样打造并管理自己的会员权益体系。

第二个方面，用实际案例说明在会员权益的设定与管理中，应该避开哪些"坑"。

一、四种常见的私域会员模式

在私域中，常见的会员模型分为四种。

1. 储值会员

用户把消费金额预存在品牌处，可享受到折扣、金额赠送等福利。

储值会员有助于品牌快速回笼现金流，但弊端也非常明显。

首先，要求业务必须是高频、消费周期长的，这样用户才有途径消费掉储值金额，否则用户不会存那么多钱。所以，一般用在理发店、餐饮店、健身房、超市、零售平台。

其次，更为重要的一点是，现在用户都被各种"跑路"商家坑怕了，不愿意再把大额现金绑定在一个平台上。除非是那些知名品牌。

2. 成长型会员

根据用户的贡献程度，划分成不同的等级，再分别给予不同的权益。

贡献的程度可以根据业务目标来确定。比如，想让用户在平台多消费，可以按照累计消费金额划分；想让用户在平台上多分销，可以按照分销次数来划分。

3. 产品订阅制会员

用户成为会员后，能在一定周期内使用、收到产品。比如，新闻类网站，买了会员之后，能看新闻；QQ音乐，能听专属歌曲；食品类网站在订阅后，能享受到每月的产品配送，等等。

4. 权益订阅制会员

用户花钱成为品牌的会员，在一定周期内，能享受到品牌方给予的权益、福利，典型的就像"淘宝88会员""京东PLUS"。

用户想使用权益，就要在平台内进行消费，以此来提高复购，放大会员价值。

此类做法，一般适用于高频复购的品牌，也是私域中用得比较多的。

二、如何搭建订阅制会员体系

用户为什么要买会员？无非就是他认为购买会员后所得的收益远远大于未买会员时所付出的成本。所以，会员价值权益的设计很重要。

品牌做会员的目的是什么？无非就是为了让用户复购，购买更多的产品或服务。那么，就要围绕促进用户产生复购来设计会员权益，在用户使用价值与品牌收益价值间取得最大化。

订阅制会员的权益，可以分为以下6类(其他会员体系也适用)。

1. 会员立享类

必备项。开会员后能马上获取到的权益，一般是实物，或者是大额的无门槛优惠券。目的是降低用户的决策门槛，让用户有即时的获得感。比如，给用户18元的权益卡，开卡后随卡即送减12元的无门槛优惠券1张。

在用户看来，本来买东西就是要花钱的，现在优惠券抵扣折算下来，只要花6元就能享受到很多权益，比如打折、其他优惠券、积分等。这样会员卡的价值就会放大，决策成本也就降低了。

2. 福利优惠类

设置福利优惠类权益的目的，一是为了放大权益的价值，二是通过专属折扣价、优惠券、多倍积分、包邮券、生日福利等来促成用户的复购。

优惠券的金额大小、发放频次(每周还是每月)根据品牌的利润空间、复购周期、品类来定。

比如，某品牌的会员，开卡后即可享受全场8折；每个月的第1天发放价值70元的优惠券；本月只要消费0.1元，次月返5元无门槛优惠券，消费100~300元，再返5元无门槛优惠券。以此类推，逐步提高金额；双倍积分、兑换限量积分等。

3. 活动类

活动类的权益，比如定期(每周、每月)举办专属的线上会员日、会员线下聚会等。

这些活动能让用户养成在固定时间段消费的习惯，对品牌产生独特的记忆点。

同时，因为普通用户无法享受到专属会员活动，既增加普通用户下单购买会员的可能，又能让会员有专属感、荣誉感，感受到价值。

比如，某些商家会将每周五定为会员狂欢日，部分商品能低至5折。推广文案如图2-4所示。

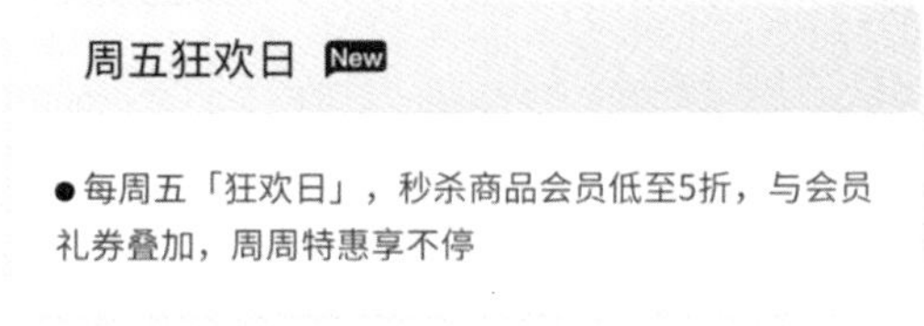

周五狂欢日 New

● 每周五「狂欢日」，秒杀商品会员低至5折，与会员礼券叠加，周周特惠享不停

图2-4

4. 特权类

相较于福利优惠类和活动类权益能产生的直接复购，特权类权益更多的是增值项。

比如，免费包邮退换货、极速退款、24小时VIP专属客服、顺丰包邮、会员的专属品(只能会员买)等。

5. "拉新"类

"拉新"类，可以分为两种：

一种是对外"拉新"，也就是通过会员卡去拉新用户。比如，用户买了会员卡后，能得到好友体验卡，可以给好友使用。

还有一种是对内"拉新"，也就是业务内部合作的"拉新"。

比如淘宝的88会员，开卡后能得到优酷会员、网易云会员等，让用户觉得超值的同时，为集团旗下的其他业务或合作公司的业务进行引流。

6. 体验类

招募多名会员，免费体验产品，拉高会员的价值。

产品可以是爆品，作为免费的会员福利用。固定周期、人数，比如每月招募N名。也可以是新品，那么时间就不固定，在新品上市前，就可以招募。

新品体验的目的有两点：一是了解用户对新品的反馈，以便实时改进产品，避免大规模推广后，用户不买单导致翻车。二是收集新品相关的素材。比如用户的好评截图、用户的案例等，用作后期推广。

一般来说，为了让用户觉得购买会员比较值，权益至少需凑够9项。其中，会员立享类、福利优惠类、活动类为必须项。

(参考资料：龚文祥，《如何从0到1搭建会员体系》)

三、会员权益体系操作误区

在具体的会员权益体系操作中，最常出现以下三个操作误区，在日常操作中一定要避开。

第一，会员积分在年底的时候清零了。

很多品牌在设定会员积分后，考虑成本问题，会制定这样的规则：积分年底清零。其实，这是会员权益操作最大的一个坑。做会员权益最根本的目的，就是让顾客因为权益而对品牌产生牵挂，不忍离开，这样才能够终身消费。其实就是品牌用权益给顾客身上绑了一根无形的绳子，让顾客无法离开。积分清零，就像本来这个绳子挺牢固的，品牌偏偏要在年底自己把它剪断。所以，会员积分年底清零，是非常错误的。

第二，做成一单生意不容易，为了成交，把本来应该属于会员的专属折扣给到一个普通顾客。这样顾客满意了，而为了对公司有交代就把这一单销售做到某个会员名下。这样的做法正确吗？从当下这一单来说，是对的，毕竟有业绩。但是从长远来看，这种做法的弊端非常大。首先，它破坏了会员管理制度，也容易让会员权益成为一纸空文。会员会觉得，原来这么努力才获取到的专属权益，并不珍贵，随便一个人都可以享受。而对于普通顾客来说，更不会加入私域流量池。因为他会觉得反正不加入也能享受。更可怕的是，一段时间后，品牌方会发现所有的顾客都认为产品售价太高，因为品牌给每个人都使用了会员折扣。口碑坏了，品牌的生意就失去了发展的可能性。所以，给普通顾客享受会员待遇的做法，是错误的。

第三，积分变更，等顾客自己查。许多商家的做法是，顾客什么时候问起自己的积分是多少时，才给顾客查。这种做法很明显违背了上面所说的即时刺激的原则，但是目前很多商家就是这样操作的。正确的做法是，只要会员的积分发生变更，就第一时间通知到顾客，这个延时越短越好，因为大家都喜欢即时的刺激。

总结：会员权益，是吸引顾客加入私域流量池，并保证流量池内的会员持续活跃，长期转化的重要工具。

任务思考

- 设定与操作会员权益，应遵循的三个基本原则是什么？
- 请结合自身企业情况，设定一套会员权益体系。

任务2.3.2　搭建高效私域运营团队

任务目标

- 掌握搭建私域运营团队的方法。

- 了解私域运营团队的核心指标。
- 掌握私域运营过程中团队基本工作内容的设定方法。

内容解析

对于每一个品牌或企业来说,一个人的单打独斗总是力量有限,全体参与人都行动起来才能带来最大化的实施效果。但是,人人行动并不是简单的 1+1=2,组织内每个人的定位/分工,人与人之间的协作/互促,组织绩效目标向每个人行动目标的分解/激励,都是团队行动必不可少的工作内容。这部分做好了,人人努力,团队具备强大的战斗力;但如果做不好,就可能出现效率低下,甚至是组织内耗的情况。

所以,在私域运营工作中,如何做好团队的搭建和管理?主要包括以下三个方面:第一个方面是组织设定,也就是团队的基本构成如何设计;第二个方面是核心指标,也就是在私域运营工作中,团队工作开展得好与坏如何衡量;第三个方面是私域建设,也就是私域运营的过程中,团队的基本工作内容是什么。

一、组织设定

工作内容和工作目标,应该匹配合适的工作人员和组织模式。比如,在生产手机的工厂里,采用的是流水线作业,每个人只负责一个极度简化的工序。为什么这么设定?因为经过多年工业化的发展,手机生产的每一个环节,都被极度标准化,不需要工人在现场进行创作,甚至不允许工人在执行中有一丁点偏差,所以流水线作业成为了高效的工厂组织模式。图 2-5 所示为手机流水线作业场景。

图2-5

可是,销售人员的日常工作是什么样的?先用传统的工作模式来分析。在传统工作模式中,

导购看见顾客进门,就喊一声"欢迎光临";然后通过观察和沟通,了解顾客的需求;运用自己的专业知识,为顾客进行相应的产品介绍;之后,为了促进成交,导购发挥服务精神,为顾客提供贴心的产品体验服务;为了提升客单价,导购再运用自己的沟通和专业,尝试进行附加推销;最后是收银和送宾的环节。

这样看来,工厂里流水线的方式在这里行不通。导购与顾客必须全程接触,一对一服务;服务到一半换个人,又要重新开始。所以仔细想来,"导购"这两个字是非常形象的,在销售中等顾客来了,引导顾客购物。

可是,在私域运营的情况下,导购的工作还只是等顾客到来,然后"引导购物"吗?显然不是的。私域模式下,导购基本的工作流程可以分为六步,分别是:流量导入→信息触达→互动牵引→主动匹配→精准服务→强化牵引。

首先,导购最好把客户加为自己的微信好友,也就是把流量导入到私域流量池。然后,每天主动和顾客产生跨越空间和时间的信息传递;为了不让顾客流失,还要时不时主动和顾客进行情感的互动。若看到某件产品很适合某个顾客,不等顾客上门,就主动把产品推荐给匹配的顾客;而且,还要与顾客约好到店体验的时间,甚至准备好这个顾客喜欢的饮品,以便给顾客提供精准的贴心服务;顾客的购买动作完成后,主动给顾客积分,主动帮顾客做售后和回访,以便对顾客产生强力的牵引,让顾客在需要相关产品时,愿意继续在这里消费。

当然,以上环节结束后,其实还有一个隐藏的裂变环节,也就是顾客和导购有了强信任关系后,导购可以引导顾客进行转介绍,为私域带来新的流量。

纵观整个私域运营的过程,"导购"这两个字已经远远不能呈现员工的工作状态。原来导购是卖货的,经营的是货;现在的导购是服务顾客的,经营的是人;卖货的以货为主,是实实在在的物品,是物质存在;经营人的则是以人为主,满足的是顾客的人心,这是精神存在。原来的销售是被动的,等待顾客来,被动做服务;现在的销售必须是主动的,要吸引顾客来,主动做匹配;原来的销售是8小时工作制,下班之后就是生活;现在的销售是全天工作制,8小时外做好顾客经营,8小时内才能业绩无忧。所以,现在的销售人员被人们称为"顾问"。他们和顾客之间,是专业人士和专项需求的关系,是主动推荐和精准满足的关系,是好朋友和好朋友的关系。

其实,这不是销售人员的第一次升级。上世纪百货公司的销售员,被人们称为"售货员",后来变成了现场服务更贴心的"导购",现在则是"顾问"。这是构成高效私域运营团队的最基础单元,也是整个私域运营团队的根基所在。

这种变化给销售带来了最直观的改变,原来靠自然流量,做的是一锤子买卖;而私域流量这一模式中，更加关注和用户长期的信任关系，并能够挖掘出用户的生命周期的总体价值。

二、核心指标

在所有销售工作中，原来最基础的指标有三个，客流量、成交率、客单价，客流量考验的是店铺(包括商品、销售员、店铺的环境)对顾客的吸引力，成交率考验的是销售人员的成交能力；客单价考验的是销售人员对顾客需求的深挖和推荐匹配产品的能力。

在私域运营时代，当把服务和成交这两件事情不单纯放在现场时，会发现原来的这三个指标失去了其重要地位。

最重要的业绩来源，不仅是来自门口路过的人流，更是私域流量池中的忠实顾客，也就是有效客户的数量，想要提升业绩，这个有效客户的数量就得多一些，这是第一个指标。

如何让有效客户的数量多起来？当然要看每日新增的客户数量了，这是第二个指标，不再过多解释；有新增的，就必然有流失的，也就是原本在你私域流量池的顾客不活跃了，休眠了，这是第三个指标，即新增休眠客户数，当然，这个指标越低越好。

第四个指标和第五个指标，分别是转化率和客单价，这两个指标和原来指标体系中的成交率和客单价是一个意思，不再过多解释。

总结来说，对于一家店铺，业绩的核心指标有五个，分别是新增客户数、新增休眠客户数、有效客户数、转化率、客单价。

与整个店的销售指标产生直接关联的，对于每一个员工来说，就是每天工作过程的指标，分别是每日新增、每日互动、每日匹配、档案更新和客户好评。每日新增是指每日新增到私域流量池的客户有多少。关键是后面的四个指标。

每日互动，指的是销售人员需要每天和自己的顾客进行互动，这是一个硬性的工作行为，不能偷懒。

每日匹配，指的是销售人员每天能精准地对自己的顾客进行多少次主动的产品推荐，这个不是群发，而是一对一推送，必须有很强的匹配度。

档案更新，指的是销售人员对顾客有进一步的了解时，需要把了解到的相关信息更新到顾客的档案当中，便于对顾客进行精准的产品匹配和推荐。

客户好评，该指标无法用短期业绩结果来衡量，但却是销售人员对顾客贴心服务与互动的最好体现。

明确了团队的基本构成和相应的考核指标后，您对于私域运营的认知，是否有了更深入的了解？

三、私域建设

私域建设的基本过程分为五个步骤，分别是基建、引流、建档、维护、转化。

1. 基建

指的是要做私域运营，必须从经营意识、形象建设、产品建设这三个方面做好准备。

(1) 经营意识是指团队要认同私域运营的工作方向，并深刻认知从货到人的操作核心的转变；

(2) 形象建设指的是从事私域运营的团队，需要从建立个人品牌这件事情做起，优化自己，吸引顾客；

(3) 产品建设指的是以"顾客"为本，搭建好私域引流产品体系。

2. 引流

引流的过程中，不管是提高每天的自然流量，还是让原有的老客户进行二次裂变，都是对团队的一大考验。具体的内容和方法会在后面的课程中讲到。

3. 建档

这是非常关键的一步，对于客户能不能够做到精准、个性化的私域经营，关键就在于建档这一步能否做好。

4. 维护

私域当中的顾客，需要销售人员进行贴心的、日常化的维护，只有经过用心维护的客户，才有可能真正成为你的私域客流。

5. 转化

转化的形式很多，比如利用专场VIP活动；邀请到店进行转化；在更为日常的、线上互动的过程中产生转化。

明确这个基本的建设过程，先在心里画一个蓝图，不急功近利，不盲目乐观，一步一个脚印地扎扎实实地把私域建设好。

总结：在私域经营状态下，销售人员是以顾客为本的"顾问"，这是私域运营团队的基本构成；要以顾客为核心指标进行设置；私域建设的过程，是以顾客为本，进行基建、引流、建档、维护和转化的过程。

任务思考

- 私域建设的基本过程有五个步骤，分别是什么？
- 私域运营的考评指标有哪些？请列举说明。

任务2.3.3　沉淀管理客户

任务目标

- 掌握沉淀管理客户的方法。
- 掌握精准化客户标签的建立方法。

内容解析

来到实际的销售场景当中，顾客通过引流，来到店里，并且进行了消费。现在顾客消费完成，要离开店了，私域管理的思维告诉我们，"不行，不能让顾客就这么走了，不能让顾客消失在茫茫人海当中"，这时应该怎么办？

对，加微信。于是，你向客户表达了想要加他微信的想法，这个时候你可能遇到第一个问题，顾客不愿意加你微信，怎么办？

顾客加了你的微信，可你已经有 1000 多个好友，现在一个新的顾客加进来，你怎么识别出他？换句话来说，你怎么知道谁是谁？这是你面临的第二个问题。

接下来，加完微信的 10 天后，你要如何跟顾客做互动或者联络感情？或者说，你要给这个顾客发什么消息？这是你面临的第三个问题。

最后，三个月以后，你想让这位顾客复购，怎么邀约？或者说，这次邀约哪一批顾客，下次邀约哪些顾客，还是不管三七二十一所有的人都邀约？这是你面临的第四个问题。

本节就从解决问题的角度出发，来阐述这四个问题。

一、要怎样才能让顾客心甘情愿地加你微信？

加微信的目的是为了后期可以随时触达顾客，并对顾客信息进行管理。

在加顾客微信的时候，需要告诉顾客一个加微信的理由，且这个理由必须是利他的，也就是说，对顾客有益。比如：女士/先生，咱们加个微信吧，您使用产品的时候有任何疑问或者问题，都能通过微信找到我，随时沟通，保持联络。

再比如：女士/先生，今天和您聊天真的特别开心，关于刚才聊到的育儿问题，以后真的还想向您多多学习，咱俩加个微信吧。

或者是：女士/先生，刚才您试穿这件衣服的时候拍的照片，气质特别好，咱们加下微信，我发给您。

总而言之，为顾客提供一个利他的、他不得不加你的理由。

二、如何识别客户并做精准沟通？

加的微信好友人数太多，分不清谁是谁，这个顾客叫什么名字，有什么基本特征，所以不管是售后服务，还是接下来的日常沟通与互动，都没办法做到精准，怎么办？

这里，就要用到在私域管理当中非常重要，也非常有效的一个工具，即微信中的顾客档案。

微信顾客档案，可以由以下几个微信功能来实现。打开一个微信好友的资料页，点击"设置备注和标签"，会看到一个界面，这个界面就是建立微信顾客档案的地方。它包含了备注名、标签、电话号码、描述、添加名片或相关图片这五个功能。

（1）备注名，它是你认识顾客的第一要素，代表顾客最基本的特征。所以，备注名处建议填写顾客的真实姓名和不超过5个字的备注信息，比如："张三-皮肤很白"，以后你每次看到这个备注名脑子里面就会有一个比较具体的形象。

（2）电话号码，在这里可以填写顾客的电话号码，也可以填写顾客的会员卡号，这个地方是顾客唯一性的标志，有可能会出现两个顾客名字一模一样，但是这里的手机号或者会员卡号，必须是唯一的。

（3）描述，这里一般用来记录顾客的消费情况，比如顾客在什么时间、买了什么、顾客购买的时候有什么特殊情况发生等。

（4）名片或图片，在这里可以添加顾客的照片，让你能够很方便地认出顾客。

（5）标签，在整个私域管理中，有着非常重要且不可替代的价值，也是移动互联网时代对顾客进行精准管理的最简单且易上手的工具。如何建立顾客的标签，又如何在销售中应用？顾客标签的建立，遵循以下这三步基本流程。

第一步是根据自己的行业特点和客群特征，把所有可能用得上的标签尽可能完整地全部输入。

如图2-6所示，是一家女鞋销售员建立的顾客标签。这个表格中，员工把标签分成了13个类别，他们分别代表着顾客的自身特征和顾客购买商品的商品特征。

分类	标签										
顾客标签	性别	A	A男	A女							
	年龄	B	B18-25	B26-35	B36-45	B46-55	B56-65	B65以上			
	体型	C	C很瘦	C偏瘦	C正常	C偏胖	C很胖				
	收入	D	D三千	D五千	D一万	D两万	D五万	D五万以上			
	购买习惯	E	E新品	E正价	E特价	E买减&买送	E一口价	E其他			
	风格	F	F商务	F运动	F休闲	F时尚					
	圈层特征	Z	Z游戏	Z宠物	Z健身	Z科技	Z读书	Z育儿	Z舞蹈		
商品标签	尺码	G	G34	G35	G36	G37	G38	G39	G40	G41	G42	G43	G44
	颜色	H	H黑色	H咖色	H白色	H灰色	H红色	H粉色	H蓝色		
	跟型	I	I平底	I坡跟	I小跟	I中跟	I中高跟	I高跟			
	鞋头	J	J尖头	J圆头	J方头	J鱼嘴	J包头	J露趾	J夹趾		
	配饰	K	K钻饰	K拼接	K蝴蝶结	K毛球	K卡扣	K金属饰			
	功能	L	L耐磨	L防滑	L缓震	L超轻	L增高	L透气	L保暖	L防水	L吸汗	L支撑

图2-6

这 13 个类别中，又分出了每个类别的几种类型，比如性别分为男和女，而体型则分成了很瘦、偏瘦、正常、偏胖、很胖这五个类型。

每个顾客，在每种大类别下面，只对应一个小类型。

按照这种方式为顾客建立标签，每个顾客的资料页应该至少有 13 个标签。之所以说至少 13 个，是因为像风格和圈层特征这样的类型，一个顾客可能会对应两个甚至更多个小类别。

在这里，大家要注意一个细节，就是每一种标签类型，都在前面加了一个字母，比如性别标签前面的字母是 A，收入标签前面的字母是 D。加字母是为了后期给每个顾客添加标签的时候提供便利，标签类型有 13 个，如果不加字母，随后给顾客添加标签的时候，很可能会遗漏，建立的时候做着做着就不知道做到哪里了。有了这个字母，就可以从 A 开始，一直添加到 Z，不需要去记字母后面的标签类型是什么，只要按照字母顺序添加就可以。

按照这个基本模式，就可以建立自己的顾客标签表格。有人可能会说，这个表格一定要提前建立吗？是不是可以在添加顾客的时候临时去给每个人添加？不可以，如果为每个顾客都临时建立标签，时间久了，你的标签库就会非常凌乱，可能会降低后期使用标签的效率。

建立完这个标签库之后，第二步，就是要把这里面的所有标签，先录入到微信通讯录中的某一个人的名下。有了这次录入，后期给顾客添加标签，就不需要再一个一个编辑了，只需要选择添加就可以。

这项工作完成后，进入标签建立的第三步：为顾客添加标签。在销售现场，根据自己的印象马上为顾客添加标签，在标签框中输入 A，选择对应的类别，在标签框输入 B，选择对应的类别，一直到 Z，这样这个顾客的标签就添加完毕了。

建立这样的标签，对于客户管理可以实现的主体作用就是精准触达、精准互动、精准营销。

精准触达，指的是在做一些活动或者产品的宣传时，可以精准地把消息推送到个人。

比如，今天新品女鞋到店，要做产品推广，这个新品推广的信息就推荐给"A 女/E 新品"

这个标签的顾客；今天要做特价清仓，这个特价清仓的信息就推荐给"E 特价"的人群。

利用标签如何实现精准互动？比如，要举办一场沙龙活动，如果这个沙龙是育儿方面的，就积极联络"Z 育儿"这个标签的人参与，如果这个沙龙是健身方面的，就联系"Z 健身"标签的顾客参与。

那什么是精准营销？可以把店内的一款产品，精准地推荐给具备这个产品标签的顾客，直接引导顾客购买，比如，一款红色的新款高跟鞋，上面有一个漂亮的蝴蝶结，这个产品推荐给谁购买？你可以筛选出具有"高跟/红色/蝴蝶结/"这样标签的顾客，在你的通讯录中，可能这样筛选出来只有二三十个顾客。就把这件产品精准地推荐给这二三十个顾客。精准的触达、互动和营销，既能够让顾客有尊享的、被一对一服务的感觉，又能减少日常触达和互动可能会给顾客带来的打扰。

综合以上几点，在微信中建立顾客档案，能够帮助解决在本讲开头提出的第二、第三和第四个问题，即识别客户、与客户互动或联络感情、邀约客户复购。让顾客可以在私域流量池当中沉淀下来，并有效实现转化。

总结，要沉淀管理好顾客，你需要从添加微信好友和建立档案两个部分开始，这是所有顾客管理的基础。

添加微信时，需要给顾客一个添加的理由，这个理由应该是利他的、有价值的。建立顾客档案，需要从五个方面着手，分别是备注名、标签、电话号码、描述、名片或图片。这其中，最重要的是顾客标签的建立。

任务思考

为客户添加标签的基本步骤是什么？请列出操作思路图。

任务2.4　社交裂变与直播间运用

任务2.4.1　策划一场裂变获客活动

任务目标

- 掌握裂变获客活动的策划主体构成。
- 掌握裂变获客活动中引流技术的运用和操作方法。

内容解析

本节主要包含两部分内容：第一个部分，裂变获客活动的主体构成；第二个部分，这个主体构成中对于引流技术的运用和操作的注意事项。

一、裂变获客活动的主体构成

首先来说裂变获客活动的主体构成。

回忆一下，以往要搞一场促销活动，从头到尾都要做些什么。

首先，是要确定促销活动的主题，比如"季末大清仓""618购物节"等；其次，要确定促销活动的主体内容，比如"全场七折起""购物有好礼"等；然后，就是制作相应的物料并做对外宣传。

以上三点是在做活动之前所作的三个基础工作，也是最重要的工作。当然，这其中还涉及支持活动进行的内部员工的组织和安排。

在做完这些工作之后，活动就正式开始了。为了提升活动进行期间员工的工作效率，通常情况下，还会制定活动中的相应话术标准和激励措施。以上所说的这些，就是一场活动在策划阶段需要考虑的主体模块。提炼一下，共有5个方面：活动主题、活动内容、对外宣传、话术标准、激励措施。

二、引流技术的运用和操作的注意事项

首先，是活动主题。

主题对于一场活动的价值非常重要，它不仅代表了这场活动的方向，更是吸引顾客参与活动的最大因素。

那什么样的主题能够吸引顾客参与？好的主题有以下两个特点：第一个特点是紧迫性，人们总是害怕晚得到，怕早失去。一个充满紧迫性的主题，给人一个立即参与的理由。比如"会员狂欢日，一年仅此一天""××年货节，错过一次再等一年"等；第二个特点是明确具体，具体的东西，更容易带给顾客获得感，从而想要占有，比如"三重大礼""买一送一"等。

有了活动主题，接下来就要设计活动的内容，既然是裂变获客活动，内容就要以此为目的来进行设定。

这里具体应该怎么做？有人说，裂变，就是让每个顾客都做转介绍，这时可以设置一个转介绍奖励，比如：活动期间，老客户推荐新客户，新用户首单金额的10%直接奖励给老客户。设置了这样的奖励，裂变一定会源源不断。

其实这样做不仅不会刺激老客户转介绍，反而会降低老顾客转介绍的热情。为什么？这就需要理解用户分享转介绍的内在动力是什么。**用户分享的内在动力其实有两种，一种是自己获益；一种是朋友获益。**

自己获益，就是你朋友买东西，你能拿到提成；而朋友获益，就是觉得好的东西不分享给朋友，真是对不起朋友。你觉得，哪种才是能让用户分享的真正动力？当然是朋友获益。把朋友消费的 10%作为自己的提成，其实是一件很尴尬的事情。赚了朋友消费的提成这件事，告诉朋友不好，不告诉也不好。告诉的话，朋友会觉得，你居然通过我去消费赚钱。不告诉的话，朋友发现了会觉得：你居然赚钱还不告诉我。所以，很多用户宁愿不分享，也不愿背上赚朋友钱的名声。

那这里应该如何优化？依然给出奖励，但是要"**强化朋友的收益，隐藏自己的收益**"。比如：把提成变为红包，一人一个，分别送给顾客和朋友 100 元红包。这样，顾客和朋友都会觉得，这 100 元是意外所得，而不是从朋友口袋里掏出来的。

接下来，就是对外宣传。

在对外宣传方面，可以借助前面几节课程中讲到的工具。比如，可以把活动内容做成图片和短文字，发在朋友圈和社群里；也可以把活动拍成有趣的短视频，发在视频号里；同样的，也可以发在小红书、抖音、快手这样的平台上，让更多的人了解公司所做的活动。

这里教给大家三个非常有用的技巧，利用这些技巧可以让你的内容被更多人转发。

第一个技巧，叫**情绪关联**。基于情绪和感受的表达，远远比理性更加打动人心。有五种强烈的情绪，能够激发人们的关注和分享，分别是惊奇、兴奋、幽默、愤怒和焦虑。

第二个技巧，叫**社交货币**。耐克公司曾经做过一个营销活动，销售一款颜色非常醒目的腕带(如图 2-7 所示)，戴在手腕上很抢眼，但是其实没有什么实际用途。耐克公司告诉消费者，每卖出去一条这个腕带，就给公益组织捐款 1 块钱，这个活动被人们疯狂传播，最终这款腕带 6 个月的时间卖出去了 500 万条。为什么？因为公益和慈善这一社交理念。分享这样的内容，会让别人觉得自己优秀、与众不同，这是多数人的真实想法。

很多做减肥产品的公司让员工邀请顾客参加"21 天减肥计划"，顾客每天把体重秤上的数字拍照片发朋友圈，把一天一天体重慢慢减下来的状况向朋友展示，顾客参与度很高。原因是什么？其实就是社交货币，人们想让自己一天天变得更瘦更美，让周围的朋友刮目相看。

图2-7

第三个技巧,叫讲故事。2017年,招商银行一条叫做"世界再大,大不过一盘番茄炒蛋"的视频刷爆了朋友圈(如图 2-8 所示为视频宣传图)。视频中一位留学生初到美国,参加了一个聚会,聚会主办方要求每个人都做一道菜。他选择了做法最简单的番茄炒蛋,但还是不会做,怎么办?他通过视频,向远在中国的母亲求助。母亲拿出材料,一步一步教他如何做。聚会中他的番茄炒蛋获得了大家的好评。可这位留学生在聚会结束的时候突然意识到,美国的下午,正是中国的凌晨,母亲为了教他如何做菜,深夜起床,进厨房一步步给他展示如何做番茄炒蛋。很多人都被打动,哭着看完视频。这段视频只投放给了40多万的用户,最后观看量却超过了1个亿。所以,在做活动宣传的时候,完全可以通过故事的方式去演绎。

图2-8

再接下来，就是这场接待活动的话术标准了。这里需要注意的是，不管前面活动的主体、内容、宣传怎样，最终活动进行时，顾客的实际体验感受都会受现场接待的员工影响。

所以，一定要把活动的内容制作成相应的话术模板，让员工提前熟悉，甚至是背诵下来。不要出现活动宣传一个版本，员工表述另一个版本的情况。

最后，是激励措施。员工的激励，以往更多采用的是结果激励法，比如只要今日销售目标完成，就奖励现金100元，其实，这种结果激励的方式，对于员工的实际激励效果正在变得越来越差。

设身处地想一想，如果你是一名员工，今天目标是10 000元，上班时间过去了一半，只完成了2000元，你还会努力吗？不会的，你知道不管怎么努力，都拿不到今天的奖励了；可是，时间过去一半，你已经完成了8000元，剩下2000元，你会努力吗？也不会。因为你知道剩下还有一半时间，不努力也能拿到奖励。这样这种奖励就失去了它原本设定的效果。

那应该如何激励呢？建立大家采用过程激励的方式，比如，今天10 000元的目标，按照以往的成交率、客单价这些数据去核算，只要全心全意接待30位顾客，每位顾客沟通超过10分钟，那10 000元的目标就大概率能完成。那就设定奖励，员工接待30位顾客，每位顾客接待时间超过10分钟，就发一个奖励。甚至可以按照时间段分解，只要大家上午接待了18位顾客，每位顾客的接待时间超过10分钟，就在中午的时候发放一个激励。这样就更能激励员工向目标前进。

总结，一场裂变获客活动的策划，需要从"活动主题、活动内容、活动宣传、话术标准、激励措施"这五个方面着手进行。每个方面也都有对应的操作技术。

任务思考

请从活动主体、活动内容、活动宣传、话术标准、激励措施五个方面策划一场裂变获客活动。

任务2.4.2 激励老顾客转介绍裂变

任务目标

掌握激励老顾客转介绍的操作方法。

内容解析

转介绍，是每个品牌先天的流量来源。过去，没有现在的媒体宣传渠道和营销手段的时候，一家店除了日常的自然流量，最重要的流量来源便是口口相传。而正是这种口口相传，能够潜移默化地让人对该店产生好感，从而提升客流。所以，老字号都很注重口碑的建设，有时候宁可损失自己的利益也要保证口碑不受影响。

电视剧《乔家大院》就演绎过这样一件事情。一代巨贾乔致庸发现复字号油坊的伙计在掌柜的授意下掺假卖油，他立刻命手下收回卖出的油，退回货款，卖出的油只做了灯油，并惩治了掺假的人，辞退了掌柜，还制定了新的店规。这一举措虽然损失了些银子，却赢得了信誉，扩大了商机，是典型的维护诚信、获得口碑的举动。有了口碑，老百姓就会口口相传，就会增加很多转介绍。

在现代，因为媒体营销技术的发展，很多商家把获得流量的希望放在了引流上，踏踏实实的口碑建设做得少了，商家可能会火爆一时，但是长期的稳定却没了保障。街面上的店开开关关，做得持久的却不多。所以，让顾客做转介绍这一动作，表面上看是带来直接的流量收益，但实质上却是一种保障持续经营必不可少的技术。

明白了口碑和转介绍的重要性，接下来要思考的问题就是，具体该如何操作，如何推动。

从顾客的角度看，为什么要分享，这是基本的原理，也是问题核心。然后，标准的工作模型是什么，按照这个模型一步步操作，可以帮助企业快速推进客户转介绍的动作。

一、顾客为什么愿意做分享和转介绍的动作？

先跳出商业的圈子看一看。有一天，你去公园散步，一抬头，发现天边的晚霞红彤彤的，混着太阳的金光，特别漂亮。你好多年没见过这么漂亮的晚霞了，赶紧拿出手机，拍下视频和照片，然后发到自己的朋友圈里，配上文字：久违了，绝美的晚霞！过了一会儿你看到了几十个点赞和十几条朋友的评论。你回复着评论，心里美滋滋的。在这个场景中，没有商家，没有人催你、逼你发朋友圈分享，你为什么愿意做分享？因为你心情愉悦。我们称之为愉悦时刻。

第二个案例，你参加了学校组织的"感动青春"征文大赛，评比结果出来后，你获得了一等奖，看着大屏幕上出现自己的名字，你感到非常自豪，拿出手机拍下大屏幕上的信息，分享到自己的朋友圈，并收获了很多点赞。这个案例中，同样没有任何外力逼着你，是什么原因让你发朋友圈？因为这是你的荣耀时刻。

第三个案例，周末你去商场买衣服，在商场的中厅，有一个穿着唐老鸭服装的工作人员，旁边围满了年轻人。你走过去一看，原来是商家在做活动，只需要拍一张活动的照片转发到朋友圈，就可以领取一个折扣券。这么诱人的优惠活动使你忍不住上前去拍照发到了朋友圈。你为什么要发朋友圈？因为这是你的利益时刻。

所以，总结以上三个时刻，得出以下结论：触发分享和转介绍动作的原因，一定是某种满足。可能是物质的满足，比如分享后就能得到某些有形的东西；也可能是心理的满足，比如让你感到心情愉悦或感到荣耀。

二、具体该如何操作？

不管是物质收获还是心理满足，其最终作用的触点都是顾客的心理。你一定见过那种积攒多少个赞，就送水杯的活动，但是现在这种推动分享的活动，人们越来越不愿意参加，原因是什么？是水杯贬值了吗？不是。是水杯带给人心理上的满足感受，贬值了，降低了。

所以，要想推动分享和转介绍的活动，第一步，要尝试先梳理那些愉悦时刻、荣耀时刻和利益时刻。比如，KEEP这款健身软件(如图2-9所示为软件界面图)，在使用它完成一次训练动作后，它都会提醒你"你真棒"，这就是你的愉悦时刻；在你完成7次训练或者一个月的训练后，你的软件界面上会旋转出一个漂亮的徽章，上面写着健身达人，这是你的荣耀时刻；当你完成了一系列训练，又会获得积分，而这个积分象征着等级和身份，这是你的利益时刻。在你的店里，从顾客到店开始，到第二次顾客进店，这之间顾客有哪些愉悦时刻、荣耀时刻和利益时刻么？你不妨梳理一下。

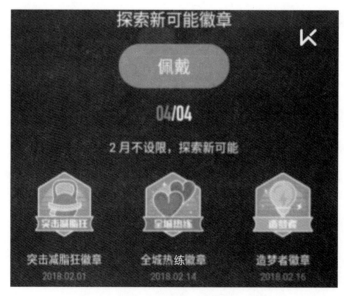

图2-9

梳理完这些时刻，接下来要做的就是，如何让顾客在某个想要分享的时刻，手头就有可分享的内容和非常简易的分享操作。这就是推动分享的基本工作模型，大致分为两步，生成分享内容和简化分享路径。

先来说分享内容的生成，设想一下，前面案例中的那个看晚霞的你、获得征文大赛的你，如果要拍照片的时候，发现手机没电了，会是什么样的心情。没有了可分享的内容，或者可分享的内容很难获取，那后面的分享动作就无从谈起了。

一家卖化妆品的公司，员工在每次给试用体验的顾客画完面妆后，都会拿出手机，很专业地给顾客拍一张照片，为了把这张照片拍漂亮，公司甚至为员工组织了拍照培训。照片拍完后，销售员加上顾客微信，把照片发给顾客，并附上文字：哇，好漂亮呀，您是近段时间我服务过的眼睛最美的顾客。顾客收到照片一看，专业化妆，专业拍摄，果然很漂亮，自己好像很久没拍过这么漂亮的照片了，就可能发个朋友圈，让自己的亲朋好友也看看。

这个例子从时刻上来说，是愉悦时刻和荣耀时刻；从分享内容上来说，是员工创造好的内容。这就是分享内容的生成，如果能够让员工做这项工作，而不是让顾客自行创作内容，那分享的概率就会大大提高。

第二步是简化分享路径。接着上面的案例，顾客想要分享的时候，若店员说："发朋友圈的时候，您一定要用文字写一下店铺的名字，顺便写两句赞美的话，再发出去。"听到店员这样说，相信顾客想要分享的欲望就被打消了一大半。为什么？因为这个分享太复杂了：发图片，编辑文字，还得有名字，还得有赞美，就可能不发了。那如何简化分享路径？店员可以用图片编辑软件，把店铺的名字加到图片的边框里，可以参照如图2-10所示的示例来制作。让所有的动作，都在员工这一端完成，顾客只需要一键发送就可以。这就是分享路径的简化。

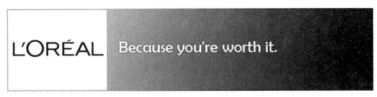

图2-10

总结：顾客的分享和转介绍，总是出现在三个时刻，分别是愉悦时刻、荣耀时刻、利益时刻，找到这三个时刻，就找到了触发顾客分享的开关键。在接下来的操作中，需要帮助顾客生成分享的内容，并尽可能简化顾客分享的操作。让顾客在那个关键时刻，可以很方便地迅速把你转介绍出去。

任务思考

- 顾客的分享和转介绍，总是在哪三个时刻出现？请分别列出一个案例说明。
- 请制作一条便于顾客一键分享的内容。

任务2.5　直播间引流的五大技巧

任务2.5.1　利用红包吸引顾客加入私域

任务目标

- 理解在互联网中用红包吸引顾客的基本原理。
- 掌握利用红包吸引顾客加入私域的方法。

内容解析

本节课的内容主要包括以下两个方面。

- 红包为什么吸引人？它的魔力是从哪来的？
- 红包的基本原则和操作方法是什么？

一、红包吸引人的魔力

在移动支付领域，目前国内有两大巨头，一个是支付宝，一个是微信。2014年之前，微信支付一直不如支付宝流行。

前些年，腾讯财付通在微信推出公众账号"新年红包"，用户关注该账号后，可以在微信中向好友发送或领取红包。微信红包的操作并不复杂。关注"新年红包"账号后，微信用户可以用两种形式发放红包。一是"拼手气群红包"，用户设定好总金额以及红包个数之后，可以生成不同金额的红包；另一种则是普通的等额红包。抢到的红包还可以提现到用户绑定在微信的银行卡上。

微信红包一经推出，就以爆炸式的传播方式活跃在各个微信群中，并在除夕当夜全面爆发。财付通官方提供的数据显示：除夕当天到大年初八，超过800万用户参与了红包活动，超过4000万个红包被领取，平均每人抢了5个红包。红包活动最高峰是除夕夜，最高峰期间的1分钟有

2.5 万个红包被领取。

其实，支付宝早在当年春节前腊月 23 日小年夜就推出了"发红包"和"讨彩头"功能，但却没能引发人们的广泛关注，完全被微信红包的光芒掩盖。故事不是关键，关键是在这个真实发生的故事里，微信红包凭什么能够战胜支付宝，成为最大的赢家？

究其原因，主要有以下三个方面：

第一，微信红包的操作很方便。用户只需要进入对话界面，选择发红包的个数、发放的金额，写好祝福语，通过微信支付，就可以发出去红包了。接下来可以把红包发到群里，也可以单独发给某个好友。对方打开红包后，只需要关联微信的银行卡，领到的红包就会在一个工作日之后自动转账。

第二，微信红包具有游戏性。微信红包已经超出了传统红包的概念，它更像是一个社交游戏。传统意义上的红包，一般是极为亲密的亲友之间的行为。微信红包则完全不同。如果用户提前就知道肯定会拿到多少红包，除了感谢就很难有更多兴奋。微信红包的做法是让大家"抢"，另外还采用了随机算法。抢到红包的人红包中的金额有多有少，会让红包的每一次发放都能有惊喜、有话题，激发用户主动分享和传播。

除了方便和游戏性，微信红包能够在短时间内引爆还有一个最重要的原因，那就是社交性。虚拟红包的玩法并非微信首创，支付宝上早已有之，但是微信具备一个难以被复制的先天优势——强大的社交关系链，这是其他产品无法取代的。例如，支付宝也是移动端，发红包也便捷，却没有如微信那样的社交关系链。除了产品的细节，根本还是社交关系链的高下：比较一下你在支付宝里有几个好友，在微信里有多少好友，以及打开微信与打开支付宝钱包的频率就很清楚了。这种社交性使得人人都是主动传播者，我们每次打开或发微信红包都使它传播到更多人，让微信红包更火，也让微信的活跃度持续升温。

综上所述，方便性、游戏性、社交性，是微信红包自身的三个最重要的特质。

二、红包的原则和操作方法

结合以上三个特质，使用微信红包来吸引顾客加入私域流量池，需明白以下两个基本原则。

第一个原则：红包跟着游戏走，不能单纯发红包。

很多人在做私域引流的时候，都会举办这样的活动：只要加入会员，就送 5 元现金红包。如果你也做过类似的活动，就会发现，对于多数顾客来说，5 块钱，金额有点小了。相当多的人不会被这 5 元的小利益打动。能被 5 元打动的是什么人？你会发现，大多是年龄比较大的大爷大妈。他们不一定是你的品牌消费群体。可是，当把 5 元和游戏相结合后，这种情况就会被大大改善。

比如，对上面的这个案例可以这样优化：设计一个活动，购物并添加导购微信，即可参加游戏赢红包活动，游戏是什么？可以是扫码猜谜语游戏，全部猜对的人可获得5元红包。在这个优化方案中，添加导购微信，就可以把顾客沉淀到私域流量。而简单的游戏设定又让用户投入了机会成本，有赢的快感。

你也可以设计一个转盘，转到哪里就得多少钱的红包，通过转盘上对应格子的区域占比，同样可以控制概率，让发红包成本不至于失控。

第二个原则：一个大红包，不如多个小红包。

人的大脑有两套系统，一套叫感性系统，一套叫理性系统。通常情况下，第一反应都由感性系统决定。所以，在人们的心中，存在着一些先天具备的，无法改变的心理效应，比如比例偏见这一概念。

例如：有两个盒子，一大一小，第一个盒子小，里面有20块饼干，其中有1块是巧克力饼干；第二个盒子大，里面有200块饼干，其中有10块是巧克力饼干。如果你想要一块巧克力饼干，你会从哪个盒子拿？一般人是从200块饼干的盒子里拿。如果你的选择也是这样，就表明你的大脑中存在着"比例偏见"。

你的销售中推出了一项活动：顾客购物并加入会员，就可以在现场抽取一个现金红包。公司可以准备100个红包，其中90个红包里装5元钱，其他10个里面装10元、20元、50元等金额。这100个红包里共装了650元。

在经费不增加的情况下，如何让活动效果更好？

可以把原来的100个红包变成300个，把原来装5元的，改装1元和2元，单个红包的金额变小了，但是门口的广告变成：顾客购物并加入会员，就可以在现场抽取3个现金红包。从数学概率上来说，经费还是650元，每个顾客抽三次，红包个数从100变成300，核算下来，单个顾客的平均引流成本是恒定的，也就是顾客从红包这件事里获得的收益是不变的，但是人们就是先天迷恋大数量，就会吸引更多的人参与活动。

【案例】

在线下，曾见过一家公司把上面的原则运用得炉火纯青，具体方法是这样的。

为了吸引顾客加入私域流量池，该公司设计了这样一个活动：只要消费并添加导购微信，就可以花1元钱，获得3次参加"寻宝"比赛的资格。"寻宝"比赛就是员工随机在陈列的商品上贴五角星标签。只要找到了两个五角星标签，拿着对应的商品告诉导购该商品的用途，比如，找到了牛奶，告诉导购它是用来喝的；找到了水杯，告诉导购它是用来盛水的，并把这个商品背后的五角星标签展示给导购，就可以抽取一个红包。红包里是从1元到100元不等的现金，最少也是1元。当然，红包里大多装的都是100元。这个活动，获得了非常大的成功。

【解析】

第一，游戏性，并不是直接给顾客利益，而是让顾客觉得趣味性很强。可以设计游戏的参与门槛不高，但是趣味性很强。而且巧妙地运用人们的损失厌恶心理。多数情况下顾客不打算参加游戏，但是在购物的时候，发现了贴着五角星标签的商品，顾客心里会觉得不参加游戏就亏了。游戏推动着一些人购物，而购物过程中的惊喜发现，又反过来推动一些人参加游戏。

第二，利益驱动，花1元，可以抽三次，每次至少能抽到1元，也就是说，通过自己的努力，能够让1元变成3元。听到这里，可能会有人说，不让顾客出那1元的参与成本，岂不是更好。其实不然，这里很巧妙地利用了人们的比例偏见心理。如果这个游戏的设定是，购物并添加导购微信，就可以参加三次游戏，人们会把"购物并添加导购微信"的付出和"参加3次游戏"的收益去对比；而有了那个1元的条件后，人们会下意识地把"1元"付出和"3次游戏"收益放一起对比。显然，顾客多掏了1元钱，心里反而会更舒服。

第三，为什么不是参加1次游戏，而是3次？这就是前面讲的第一个原则。在不增加经费的情况下，3次游戏比1次游戏，更吸引人，人们先天觉得大数量好。而且，在当下这个流量不足的环境下，让顾客参与3次游戏，也就意味着顾客在店里停留的时间会变长，而这种长时间的停留，不仅会增加顾客对店铺的熟悉度甚至是好感，更会营造火爆的旺场氛围，进而吸引旁观的人们参与。

总结，本节内容结合心理学上的一些原理，给大家分析了红包的真正价值所在，也说明了利用红包吸引顾客加入私域流量池的两个核心原则。

最后请大家思考：在日常的工作和生活中，你有没有见过那些利用红包设计游戏，并起到不错的引流作用的案例。

任务思考

- 请说明使用红包吸引顾客加入私域的操作原则是什么。
- 请为自己即将开展的直播活动设计一套红包操作的方案。

任务2.5.2 通过视频号引流到私域

任务目标

- 了解视频号的基本特点。
- 掌握视频号引流的方法。

内容解析

2020 年,抖音平台很流行,有人抓住这个机会,一夜之间就通过短视频从公域获得了大量的粉丝,成为了网红。

同样是在 2020 年,微信视频号从年初到年底,一次次改版,也慢慢呈现出了比较强大的营销能力。对于依托微信开展的私域营销来说,视频号其实可以为自己的私域引流提供强大的助力。

接下来通过两个方面说明抖音短视频与微信视频号的运用。一是微信视频号与抖音短视频相比,它的共同点与不同点是什么;二是如何操作视频号实现精准引流。

一、共同点

首先,微信视频号和抖音短视频的共同点是什么?

第一,都是短视频平台。

与图文消息相比,短视频展示的承载信息量更大。动态的展示刺激视觉,视频配音和配乐刺激听觉。短视频与图文消息相比,无疑更能激发人们的好奇心激起人们进一步了解信息的想法。所以它也就具备了更大的商业应用价值。

微信平台显然看到了这一点,所以直白点说,微信视频号其实就是视频版的"微信公众号"。

第二,都形成了完善的商业闭环。

抖音的商业闭环是"短视频—直播—橱窗—抖音小店"。抖音小店需要具备一定的经营资格才能注册使用。微信视频号的商业闭环是"短视频—直播—微信公众号—微信小商店"。虽然直到 2020 年年底这些功能才趋于完善,但是闭环已经形成。需要说明的是,微信视频号的小店是凭身份证注册的,门槛比抖音小店低,真正实现了微信之父张小龙所说的"再小的个体也有自己的品牌"。

二、不同点

第一，抖音流量基于内容质量，微信视频号流量基于社交裂变。

抖音流量基于公域，这一点大家都有体会。如果做抖音只指望着周围的亲朋好友捧场，大概率是不会成功的。所以，想把抖音做起来，需要出类拔萃的内容输出能力。

而微信视频号就不一样了。打开自己的视频号，看到最多的是"朋友推荐"。不管某个视频内容质量是不是出类拔萃，如果你在朋友圈点赞了，微信后台就会把这个视频也推荐给你。

所以，抖音是"你喜欢什么，系统给你推什么"，而微信视频号是"你的朋友喜欢什么，系统就给你推什么"。当然，这并不是说做微信视频号就可以完全不注重视频质量，质量越高传播效果当然越好。

这种机制对于企业营销有着巨大的价值。一方面，你的短视频不会因为内容质量不够顶尖而失去营销意义；另一方面，社交裂变会让你的视频更精准地被潜在客户看到。例如：某天你在微信视频号里发了一个产品介绍的短视频，你的客户看到后点了赞，这个客户的微信好友就会收到这条视频的推荐。物以类聚人以群分，这样与抖音公域流量相比，客户的微信好友中，潜在客户存在的概率就会更大。

第二，抖音短视频是娱乐平台，微信视频号是社交名片。

在抖音平台，娱乐化的内容更受欢迎；而在微信视频号里，越贴近日常状态的内容越有价值。而这种贴近日常状态的类型，更容易和企业、品牌、产品结合，生成内容助力营销。

不过，客观来说，抖音娱乐化的属性更让人上瘾。所以，从爆发速度来说，微信视频号会比抖音发展得慢，但是微信12亿的庞大用户基数，会对这个作出弥补。就像你早就习惯于上抖音浏览视频，却依然每天打开微信刷朋友圈。

三、操作视频号实现精准引流

基于以上所说的共同点和不同点，具体又该如何操作？

首先，要考虑的是内容输出。也就是视频号里面发布的内容，在整个短视频领域，目前看到的爆款内容，基本上有四种类型，分别是新趣展示、观念植入、情感触动和价值输出。

上述四种类型的视频可登录"畅课堂"学习平台观看。

该平台所举例的新趣展示类型的视频呈现的内容是新奇的、有趣味的，拓宽了人们的视野，或者说加深了人们的认知。

所举例的观念植入类型的视频在整个播放过程中都没有介绍产品，但是却让人看完后对产品有向往。也就是把人们的认同或者向往，进行巧妙的演绎。

所举例的情感触动类型的视频呈现出了较好的情感共鸣效果，因为它基于人们的共同认知，触发了每个人心里的喜怒哀乐。

所举例的价值输出类型的视频看起来最好做，基于对产品的专业知识就可以做出来。但是，这种视频的质量是最难提升的，它需要制作者做到四个字"眼高手低"。也就是说，输出的知识要有独特价值，但是演绎的方式则越通俗越好。

以上就是四种目前经过验证的典型爆款短视频的创意类型。这四种类型，不管什么产品或品牌，都可以供制作者借鉴。你可以比照以上的四种爆款短视频类型，策划自己微信视频号的短视频内容。

【短视频拍摄】

短视频涉及拍摄技术和分镜脚本。关于拍摄，我们目前使用的手机一般就具有非常强大的拍摄功能，使用手机拍摄就行。而拍摄技术则可以通过互联网的各种碎片化信息去学习和提升。

本节将重点介绍分镜脚本，该部分内容也是拍摄技术中比较重要的基础技术。

四、镜头基础

镜头基础包含三个内容：画质、构图和画面的稳定。

1. 画质

指画面是否清晰，视频格式建议采用720P和30fps。手机上有720P，有1080P，但清晰的画质采用720P和30fps就可以了。

2. 构图

指的是被拍摄主体，在镜头当中所占的位置。有三种基本的构图方法。

(1) 中心构图法，就像图2-11这张图片展示的，把被拍摄主体放在图片的正中央。

图2-11

(2) 三分构图法，手机拍摄画面的时候，可以设置显示"参考线"。这几条线把手机拍摄画面分成了九宫格，把被拍摄主体放在九宫格当中，线与线的交点上或者某一条线上，拍摄出来的画面会更唯美，如图2-12所示。

图2-12

(3) 前后景构图，为了营造画面的晋升感、层次感，通常情况下会设定前景和后景，以突出被拍摄主体，如图2-13所示。

图2-13

3. 画面的稳定

现在短视频作为一种常规营销途径，可以通过配备相应的三角架、稳定器或者轨道来保证画面的稳定性。画质、构图和画面稳定是保证画面基础美感的前提。

五、镜头的距离

镜头距离，指镜头和被拍摄物体之间的距离。

如果离得很远，会拍摄到被拍摄主体和他附近的人物在某一个环境的活动。4个要素都具备就是远景。4个要素是指被拍摄主体、周围人物关系、周围环境状况、被拍摄主体的活动。如果把这4个要素当中的周围环境状况去掉，也就是只有被拍摄主体和他附近人物的活动这就是全景。

再把被拍摄主体附近的人物去掉，只拍摄主体，就是中景。

如果只有被拍摄主体的上半身(通常是人物的上半身)，就是近景。

拍摄人物额头留下的汗滴，手上的老茧，这些细节用镜头拍出来，就是特写。

如图2-14所示，很明确地标示了什么是远景，什么是全景，什么是中景、近景和特写。

图2-14

再看如图2-15、图2-16、图2-17所示的3张图片，可以练习判断这3张图片分别是什么景别。这3张图展现的分别是远景、近景、特写。

图2-15

图2-16

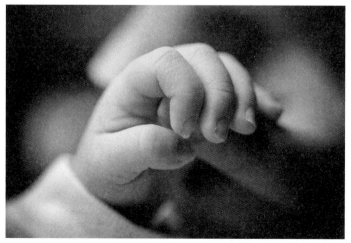

图2-17

接下来我们来讲镜头运动。镜头运动指的是镜头和被拍摄主体之间的相对运动关系，它分为推、拉、摇、移、跟。

1. 推和拉

指的是镜头从远到近或者从近到远，镜头本身发生了位移。大家扫码来看这个动画，动画中展示的是推和拉镜头运动的案例。

扫码查看视频

2. 摇

指的是镜头的位置不动，但是镜头的方向发生变化。大家扫码来看这个动画，动画中展示的就是摇镜头运动的案例。

扫码查看视频

3. 跟

指的是跟拍。大家扫码来看这个动画，动画当中展示的就是跟拍镜头运动的案例。

扫码查看视频

4. 移

指的是在移动中"沿水平方向"拍摄对象的运镜方式。移镜头能直接调动观众生活中运动的视觉感受，唤起观众在乘坐各种交通工具或行走时的视觉体验，使其产生一种身临其境的感觉。

扫码查看视频

以上就是一些镜头表达的语言,接下来讲镜头角度。镜头角度就是指镜头对准拍摄主体时,是正拍、俯拍,还是侧拍。这些镜头角度的使用,在日常的拍摄场景中经常可以见到。

除了镜头角度,还需要注意镜头的速度。镜头的速度指的是延时,例如,拍摄两个小时的内容,但播放的时候只用 30 分钟,也就是快镜头。这是镜头速度的第一种。第二种是慢动作,相对于快镜头来说,就很容易理解了。第三个则是倒放,指的是我们把一段镜头拍下来,倒着播放。

以上就是镜头速度的几种运用方式,结合镜头的运动(推拉摇移跟),镜头的角度,镜头的速度,去展示我们的视频内容。

了解这些内容是为了能够把创意分解,变为可以用镜头语言表达的内容。再组合这些内容,使用各种镜头语言支撑展示创意,而拆解镜头,可以得到相应的拍摄标准。

比如下面的表格这就是一个完整的分镜头脚本。利用这样的脚本,拍摄人员可以非常简便直接地拍到每一个镜头素材。

镜头	景别	机位	运镜	人物	时间	画面	台词	音乐
1	中景	侧拍	固定	女生	4秒	一个女生急匆匆敲门进入直播间	张旭,张旭	《青春不打烊》的插曲
2	全景	正拍	固定	女生	2秒	女生进门后迎面走过来	张旭,我快递呢,你给我取了吗?	《青春不打烊》的插曲

(续表)

镜头	景别	机位	运镜	人物	时间	画面	台词	音乐
3	中景	侧拍	固定	女生+男生	20秒	男生坐在桌子旁边的座位上看手机，女生走到桌子旁边坐下，和男生对话	女生：你看啥呢？ 男生：蛋黄酥？ 女生：你也买蛋黄酥？ 男生：对啊！ 女生：咋的了？ 男生：有点小贵。 女生：你那多少钱一箱啊？ 男生：50多块钱呢！ 女生：妈呀，咋那么贵呢？ 男生：不知道啊！ 女生：我快递呢？ 男生：这呢(顺手递给女生)哎哟，啥呀，咋这么沉呢？ 女生：这是我买的蛋黄酥啊。	《青春不打烊》的插曲
4	中景	正拍	固定	女生+男生	30秒	女生打开自己买的产品，展示细节、试吃，并分给男生试吃	女生：我买的蛋黄酥和玫瑰鲜花饼，29块8，一箱30个。 男生：你这咋这么便宜呢？ 女生：因为我这是在厂家拿货呀，给你尝尝好不好吃。(两个人打开试吃，表现出很好吃的表情。) 男生：嗯，味道不错，在哪里买的？ 女生：上我直播间就能买啊！ 男生：怎么进入你的直播间啊？ 女生：周四晚上7点到8点半，扫描下方小程序二维码就可以进入我的直播间。	《青春不打烊》的插曲

分镜脚本对于我们制作视频有着非常重要的价值，它的作用具体表现为以下三点：

(1) 拍摄的依据,也就是摄影师根据什么去拍摄素材,即分镜脚本。

(2) 剪辑的标准,剪辑的工作人员根据分镜脚本判断剪辑顺序和要求。

(3) 资源的预估,通过分镜脚本可以明确拍摄一段短视频需要投入的资源。

在平台发布短视频后,要做三个动作:

(1) 视频发布完第一时间自己点赞。为什么?前面讲过视频号的推荐逻辑,自己点赞,系统才会把这个视频推荐给你的好友。

(2) 在微信视频号运营的前期,需要尽可能多地邀请好友给你点赞,因为好友只要点赞,就相当于他把你的视频号推荐给了他的好友,这是一个裂变的极简化操作。

(3) 把你的微信视频号转发到朋友圈、社群、好友处。有了这三步动作,一般情况下,视频号播放量都会超过 1000 次。

最后,还需要提醒的是,发布视频号的时候,要注意运用"#"的功能,也就是话题的功能。并且在文字描述中,把这条视频的关键词都写进去。这样,中国十二亿微信用户,在"搜一搜"的功能当中,只要搜到了这个关键词,就能搜到这条短视频。

总结,微信视频号和抖音一样,都是短视频平台,都形成了比较完整的商业闭环。但是它和抖音又有很大的不同,它的传播是基于社交裂变而不是单纯的内容质量,它的定位更多的是社交名片。

我们可以从新趣展示、观念植入、情感触动和价值输出这四个角度去创作短视频,然后通过点赞、转发、话题等功能来实现它的传播,为品牌起到引流的效果。

任务思考

- 视频号引流所使用的短视频的四种类型是什么?
- 发布短视频后,可以通过哪些动作做推广?

任务2.5.3 通过朋友圈引流到私域

任务目标

- 掌握朋友圈引流文案和配图的创作方法。
- 掌握朋友圈引流内容发布的技巧。

内容解析

电商流量、内容流量、社交流量共同构成了移动互联网线上流量的三大部分。而朋友圈，无疑是最常见，也使用最多的线上宣传和顾客引流的渠道了。

打开微信，点开朋友圈，里面充斥着的也多是浓浓的广告气息。想想你自己，刷到这些广告，是不是要么迅速划过，根本不看里面的内容，要么就干脆把对方的朋友圈屏蔽了。

那问题来了，朋友圈要怎么经营，才能够让别人想看爱看，既起到宣传和引流的效果，又不让别人反感，把你屏蔽？

一、朋友圈的内容

朋友圈的内容一般包含文案和配图两个方面。

对于营销行业，广告文案相信人人都有所了解，"困了累了喝红牛"，就是广告文案。"挖掘机技术哪家强，中国山东找蓝翔"是广告文案，"得了灰指甲，一个传染俩"是广告文案。现在我们看到很多视频形式的企业和品牌宣传，同样它的基础也是广告文案。

那广告文案的基本功能及逻辑是什么？

广告文案，最终目的是让消费者产生一些行为层面的改变，比如说原来并不购买该产品的消费者，现在通过知晓广告文案，行为上发生了改变，购买了产品；购买量小的客户，听过广告文案之后，购买量变大了。

或者原来同类产品，都选相对便宜的，现在通过广告文案，从行为层面上发生了改变，开始选择买贵的产品。如图2-18所示为特仑苏牛奶的广告文案。

图2-18

这都是广告文案期望达到的效果，也是消费者从行为层面的改变。需要研究的是，消费者的行为层面为什么会发生改变？为什么他原来不买的商品，在听完广告文案后就买了？这当中一定存在着消费者在认知方面的转变。

比如，原来在他的认知当中，这款产品并不是最好，而通过广告文案，他的认知层面发生了改变。消费者认为这个品牌的产品才是最好的，或者是最适合他的。因此我们说认知层面的改变才有可能带来行为层面的改变。

那么认知层面发生改变，一定需要有一个支持它改变的理由。通过广告文案至少给予消费者在认知层面改变的一个理由。例如：本产品在全世界受3亿人欢迎。这样一个理由，支撑了消费者的认知改变。这个理由可以是理性方面的理由，还可以是感性方面的理由。

比如，某位客户周围所有的同行、朋友都在用这款产品，实际上这位客户自己并没有觉得从理性层面该产品有多好，但是从感性的层面，他会觉得周围人都用了，自己也可以用。明确了客户认知层面的改变和相应的支撑理由之后，我们就可以把这个理由做成一个表达层面的文案，输出给用户。

我们在营销当中所做的事情，可能很多时候只纠结在表达层面，追求表达得更漂亮、话说得更高大上，而完全忽略了从表达层面到理由层面到认知层面，再到行为层面这个改变的基本逻辑。如果忽视了这样的逻辑，很可能做出来的广告文案好听，但是无效。

明确这样一个广告文案的价值逻辑之后，再来看认知层面，文案创意的基本法则被称为BFD。这里的B指的是believe，也就是信念；F指的是feeling，也就是感受；D指的是desire，也就是渴望。这个BFD法则具体在广告文案创作的过程当中，如何应用？我们一起来看更为细致的解读。

首先来看believe(信念)。符合信念的广告文案，需要洞察消费者相信什么，并且比消费者更为准确、更为有力地表达出来。表达出他们共有的这个信念之后，就会与消费者产生共鸣，而这种产生共鸣感是认知层面对行为层面最好的改变方式。

来看一个具体的案例。耐克的广告语"Just Do It"。在我们的一生中，有人总评价我们这也干不好，那也干不好；有人总说我们不够优秀、不够强健没有天赋，或者是我们的身高不行、体重不行、体质不行，不会有所作为。他们总对我们说"你不行！"在我们的一生中，他们会成千上万次、迅速、坚定地说"你不行"，除非我们能证明"自己行"！ NIKE, JUST DO IT。

"Just Do It"，这句话说出了多少年轻人"永不服输"的信念。

接着来看BFD的第二个字母(F, Feeling)指的是我们在做广告文案的时候，需要体察消费者的情绪。因为基于情绪的表达要远比理性的说教更打动人。

比如说1万字的美食评论，可能都不如一句"妈妈的味道"更打动人。很多房产销售人员在做广告的时候,只是单纯介绍自己的房产有多好,这种"王婆卖瓜自卖自夸"式的表述其实不一定能打动消费者。

那什么样的广告文案能够打动消费者呢?"故乡眼中的骄子不该是城市的游子"是不是更好?如图2-19所示为这则文案的效果图。

图2-19

这句话就是从感受的这个层面告诉受众,从一个小乡村里奋斗出来,作为村里的唯一大学生,在那个小村子里的人眼中,你是从家乡走出来的天之骄子,可是只有你自己知道,你在这个城市当中还没有属于自己的一套房,你还只是城市的游子。这样的表述基于感受更能够打动人心。

BFD的第三个字母D,是Desire(愿望、渴望)的首字母。

找到消费者真正想要的东西,不是只停留于表面,而是追根究底地抓住本质。举例来说,有一些工业设备,在对客户做广告文案输出的时候,经常会说这个设备结实耐用;这个设备使用的周期非常长;这个设备后期维护的成本很低等,这些都是当下各类媒体宣传中,关于越野车的广告内容:让它行驶在沙漠中,让它行驶在浅滩中,来展示它的轮胎抓地力有多强,展示这个车能够适用各种地形,可是这样的表达是一个好的广告文案吗?

向沃尔沃学习,沃尔沃的皮卡在做广告的时候,同样为了表述自己的皮卡越野性能强,皮卡皮实,它的广告文案是drive it like you Hit it(像恨他一样开他)。这就是基于消费者内心深处渴望而做的一种广告文案。因此,我们说BFD是做广告文案的时候,在认知层面更容易触动消费者的切入口,希望对您的广告文案创作有所帮助。

接下来进入到表达层面,制作广告文案的时候,认知层面是受众的利益问题,而表达层面则是创作文采的关注点。那么什么样的表达更能够打动受众呢?接下来主要介绍4个主要的法则,我们称它为四C法则。

四C法则具体是什么呢?分别是把大变小,把远变近,把抽象变具体,把复杂变简单。

1. 把大变小

我们看如图2-20所示的图片，迈克尔·乔丹高高跃起拿起篮球扣篮，如果您要给这张图片配一个广告文案，您会怎么配？"飞跃无极限"？"飞跃无极限，触手不可及"？

图2-20

那如何对这个文案进行优化？我们可以优化为乔丹比牛顿1∶0。

具体表达的时候，可以做成篮球场上的分数牌的形式，上面写迈克尔·乔丹、艾萨克·牛顿，就像两个篮球队的记分牌，他们的比分是1∶0。迈克尔·乔丹当然就是图片当中的这位人物了，而艾萨克·牛顿是谁？我们都知道"苹果砸在头上"的故事——万有引力定律，这都是牛顿的功绩。

所以说迈克尔·乔丹比艾萨克·牛顿为1∶0，可表达出，乔丹是一个战胜地球引力的男人。这样把大变小，就能够让广告文案的表达层面更为出彩。

2. 把远变近

许多人会觉得太遥远的东西与我无关，把远变近就可以建立相关性。如在哈尔滨宜家开业期间，宜家创作了一组充满浓郁东北方言的卖货文案，把远的变近了，让表达更加能够打动人。广告文案如图2-21所示。

图2-21

3. 把抽象变具体

例如，汽车生产厂家在发布新款发动机时，会宣传说这款发动机高效、低耗、精工打造，这样的描述就是抽象。若把描述改善为性能提升15%，功耗降低30%，使数值有个参考值，就会在受众心目中对这款发动机产生更多的期待。这就是把抽象变具体的典型例子。

4. 把复杂变简单

比如某品牌矿泉水，推出"天然水"概念，将"天然"作为自己品牌的核心价值标签，如果用"生命在自然中孕育，优质的好水源来自生命之泉，享受自然的味道"作为广告语，这个表达不仅很复杂，而且没有记忆点，无法突出"天然水"这一概念。

如何能把复杂变简单呢？比如把它改为"我们不生产水，我们只是大自然的搬运工"，字数变少了，内涵也更丰富了。对于矿泉水的推广这件事情，能够起到比上一条更好的效果。这就是所说的把复杂变简单。

先看第一个案例，如图2-22所示，图片中对吹风机的功能做了介绍，其中的信息传递异常复杂、啰嗦，反而让用户产生了疏离感。

对于以上吹风机产品描述中所说的"专业解决6大问题"的文案，怎样才能提炼出更简洁明了，同时又能传递产品价值的文案来？

先来分解一下用户购买这款产品的核心关键点。

(1) 经常洗头洗澡，下班又较晚，需要一款方便好用的吹风机来解决吹干头发的问题；

(2) 解决快速将头发吹干，且不易出现头发干枯、发黄的问题；

(3) 相较于一件普通的产品来说不会太过于计较。

如何将上面海报中所说的解决6大问题的描述，用更精准有效的精炼文案来表达？

产品文案提炼的核心要素可从属性、价值观来进行切入，文案可以这样写：快干不伤发，1分钟解决6大问题。如图2-33所示。

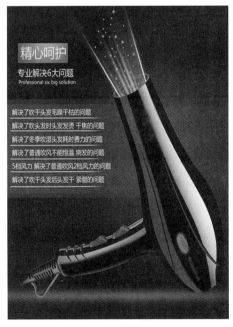

图2-22

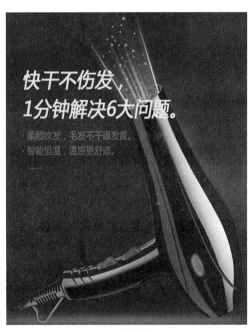

图2-23

再来看第二个案例，作为酒店老板，都希望差旅人士可以住自己的酒店。那要怎么做广告文案呢？在认知层面，店家都希望客户认为这是他忙一天可以放心休息的地方，可是凭什么让客户忙一天后，就真的能够放心休息呢？给你一个理由，这个理由是因为"我这儿干净"，所以这个文案为"爱干净，住汉庭"，如图2-24所示。

图2-24

这么简单的一段文案，它是怎么支撑行为层面改变的？它通过"爱干净，住汉庭"来告诉客户这里干净，然后从认知层面让客户产生一种认知，就是忙完一天后到这儿可以放心休息。所以，住酒店的时候，行为层面就会选择汉庭。

总结：广告文案的创作，是做营销工作必备的一项技能。可是广告文案的创作并不单纯看表达层面说得有多漂亮，而是从表达层面到理由层面，到认知层面，到行为层面，需要给出完整的逻辑链条。

在认知层面建议使用BFD法则，而在表达层面则可以采用4C法则，帮助您做表达层面的改善。

文案介绍完毕，下面介绍配图的操作。

首先是图片数量。朋友圈配图，数量一般是1张、3张、6张和9张。其他数量的效果则不一定好。比如，5张、7张、8张在别人的朋友圈里显示出来会缺一块，而2张、4张这样的配图在朋友圈里面积小，容易被忽略。其次是图片本身，如果与产品相关，那就保证几张图片的比例尺寸一致；如果与产品不相关，一定要考虑这张图片能不能吸引到别人的注意力。这一点大家在发朋友圈的时候应稍微注意。

以上，就是对朋友圈里发布的宣传内容的一些建议。

其实，朋友圈除了宣传引流的内容，还应该有一些个人动态之类的日常生活内容和专业知识之类的服务内容。日常内容用来体现亲切与真实，内容占比为30%左右；服务内容用来证明专业与权威，内容占比为10%；而与产品相关的内容则用来实现宣传与引流，这部分内容占比要达到60%。这三类内容，其实最终都是为了获取顾客的信任，进而增强私域的牵引能力。

那朋友圈发布的时间和频次上，应该如何把控呢？

这一点需要站在消费者的角度来看。比如思考什么时间发，消费者才能看得到。这个时间一般是早上的 7 点到 9 点，中午的 12 点到 14 点，下午的 5 点到 7 点，晚上的 9 点到 11 点。这些时间都是大家用餐或者休息的时间，人们都会掏出手机看一看朋友圈。

再说频次，一天发几条？还是从消费者的角度来看，千万不要刷屏。刷屏只会让人反感。一般把发朋友圈的频次控制在一天 3~5 条，也就是上面所说的时间段，每个时间段 1~2 条。

最后，来介绍两个朋友圈引流很实用的小技巧。

第一个技巧是关于文案，以下是三个可以套用的朋友圈文案公式。

第一个公式是"目标人群+问题+解决方案"，比如"想要吃火锅，又怕上火？现在终于有人解决这个问题了"。想要吃火锅，指向的就是目标人群；又怕上火，指向的是面临的问题；现在终于有人解决这个问题了，指向的就是解决方案。后面再配上你产品的详情图片就可以了。想要给女朋友买礼物，又不知道买什么？现在终于有人解决这个问题了。可以看出这就是一个可以套用的公式。

第二个公式是"在 xx 时间内，得到 xx 结果"。在注意力稀缺的今天，人们需要有承诺的利益，而且是马上就能得到的利益，才愿意投入时间，仔细看你朋友圈发的内容。所以，你可以这么写"1 分钟，让你的眼睛远离黑眼圈""每天 10 分钟，让你成为私域运营高手"。可以看出这都是套用着这个公式写出来的。

第三个公式是"热点人物+独家信息"。人们都有好奇心，尤其是对大人物。这也是新闻，尤其是八卦新闻有人看的原因。比如"市长都说好，只因他具备这三个特点"，就容易勾起别人的好奇心。

第二个技巧，是关于朋友圈引流的互动。如此用心地经营朋友圈，其实从商业角度来说，最终的目的就是实现产品营销和顾客的引流。所以，在发朋友圈的时候，一定要重视与对朋友圈评论和点赞人员的互动与维护。不管你发了什么内容，只要别人点赞或者评论，就说明他对你的这个内容感兴趣。这个时候，不要等别人主动来找你了，你可以主动联系这个人，一是感谢与问候，二是了解需求，为之匹配产品。

做个总结：在朋友圈引流，需要有较强的内容创作能力，从信念、感受、渴望三个核心点开始，引发人们强烈的触动；每天都可以发 3~5 条朋友圈，在人们闲暇的时间段，用日常内容体现亲切与真实，用服务内容证明专业与权威，用产品相关的内容宣传与引流。在操作技巧上，总有 3 种你可以直接套用的朋友圈文案公式，同时一定要注意朋友圈的互动，别人评论或者给你点赞时，要以此为契机，把互动做起来。

任务思考

- 朋友圈文案的BFD指的是什么？
- 朋友圈文案的三个公式是什么？

任务2.5.4 利用线上渠道吸引顾客加入私域

任务目标

- 掌握线上渠道引流的方法。
- 了解各平台线上引流的操作注意事项。

内容解析

所谓线上渠道，就是依托移动互联网，而产生的各种各样的线上平台。这些平台拥有大量的、不以地域或城市为限制的普通人群。如果能够吸引到这些普通人群的关注和青睐，那就能获得线下之外的更多流量，让经营突破地域的限制。

综合来看，线上流量，大致可以分为三种：第一，是电商流量，也就是因为强购物目的而产生的流量，典型的就是京东、淘宝这样的电商平台流量；第二，是内容流量，也就是有价值的内容吸引的流量，比如抖音、快手、小红书；第三，是社交流量，也就是因为某种社交关系而吸引的流量，比如微信、微博、陌陌。其实，各大互联网平台，虽然都有自己的经营侧重，但都不是单一流量类型。比如，淘宝是电商流量占大头，同时用网红吸引社交流量；抖音是内容流量占大头，同时用抖音小店和直播带货吸引一些电商流量；微信则是社交流量为核心，但也同时利用公众号、微信视频号吸引一些内容流量。

那要如何才能得到这些线上流量？

一、利用线上渠道吸引自己的流量

首先是**内容流量**，在抖音上，有一个专门介绍各个品牌各种型号小汽车的账号，其视频获得了大量点赞，我们来看其中的一个(登录畅课堂平台观看视频案例)。

这则短视频获得了23万的点赞，超过200万次的曝光量，为汽车品牌和4S店都带来了大量的粉丝和客流。当然，收费也不便宜，平均每条为汽车品牌和4S店引流的短视频，收费为50万元左右。

那普通的员工能不能做这样的内容引流操作？同样是在抖音上，有一个叫"薇薇服装店"的账号，这是江苏省徐州市东南部一个镇上的一家服装店员工做的账号。该服装店每发布一条视频，就会看到很多评论，有夸这套衣服很漂亮的，有问卖多少钱的，这就是最直接的引流效果。

所以，在抖音这样的内容平台上，普通的员工能不能做引流？答案是肯定的。如果每个员工都注册一个账号，在里面发一些和产品相关的内容，必然会起到更大的曝光和更多的引流效果。有人可能会觉得自己没创意，拍摄和剪辑技术也不高，拍出来的视频不会火。其实，在刚做内容引流的时候，大可不必考虑这些问题。就拿抖音平台来说，不管你拍的视频质量如何，官方都会给你分配300~500的流量，这就为你的产品带来了300~500次的曝光。同时，抖音当中有一个看似豆荚的小工具，可以以所在位置为基准，向周围5~8公里范围内的人群进行精准的视频推送。当然，这个是收费的，所以不过多介绍，作为一种线上引流的方法，感兴趣的读者可以去体验。

第二种线上流量的类型，就是**社交流量**。

最典型的社交流量，就是通过微信平台的社群、朋友圈、私聊功能获取的流量。

这个比较好理解，比如你微信里的一个朋友，从来没到过你的店铺消费，但是某段时间你们偶然间交流起了育儿经验，然后关系越来越好，某天她要购物，就特别去了你的店铺。

除了这种强关系的社交流量，社交流量当中，还有相当多是弱关系的。比如，你家里养了一个宠物，经常在朋友圈里、一些交流群里、论坛上，发表自己养宠物的技巧和心得。随着时间的推移，大家觉得你是专家，愿意听你的分享。这个时候，你就变成了一个权威认识，也就是经常提到的KOL(关键意见人物)。这种关键意见人物的光环让你的周围聚起一群粉丝，而这群粉丝，会变成你线下的流量来源之一。这就是弱关系牵引下的社交流量。

所以如果想通过线上社交渠道给自己的账号引流，你需要做好以下三件事情。

第一，打造好自己的个人品牌，让自己吸引人、聚拢人，"单枪匹马"是没办法成为KOL的。

第二，日常要多和强关系的朋友、弱关系的粉丝互动，这是个长期动作，需要有长期坚持的心理准备。

第三，就是把经营关系当成比赢得利润更重要，至少是同等重要的事情来对待。

第三种线上流量的类型，就是**电商流量**了。

这种形式其实大家都很熟悉，如直通车、钻石展位、广告位投放等，但是现在的操作大多是品牌方或者是组织来操作。所以在这个课程里不做太多的介绍。

最后，盘点一下，移动互联网背景下，线上流量的类型大致可以分为三种：内容流量、社

交流量和电商流量。具有普遍可操作性的，是内容流量和社交流量。微信、微博、抖音、快手、小红书这些新媒体平台，人人可上手，人人可利用，为进行全员线上营销提供了可能性。

在这里，特别推荐三个线上引流的渠道：

第一个就是抖音，它以内容为基础，成长性极强，庞大的用户基数也为我们提供了大量的潜在顾客。

第二个是微信，它以社交为基础，涵盖了强关系社交和弱关系社交的主体功能，再加上微信高频打开的属性，让员工可以零基础上手，只要你的业务形态侧重导购和顾客建立一对一的信任关系，微信、企业微信一定是首选。

第三个是小红书，这是一个典型的内容输出+圈层介绍的平台，让每个人在其中都可成为KOC(即关键意见消费者)，从而吸引粉丝，最终转化成交。

每个员工，都可以从抖音、微信、小红书这三个渠道入手，尝试去做线上的引流。

除此之外，因为行业和产品不同，相应匹配的线上引流平台也会有所差异。比如大家熟悉的抖音，更适合食品饮料、女装、个人护理、家居家纺厨具、生活日用；而小红书则更适合美妆日化、时尚生活、视频饮料、数码家电这些类型。

二、案例分析拆解

当每个员工都按照这种方法去做线上引流的时候，多个员工就可以共同构建一个新媒体引流矩阵。

在抖音当中，有一个符号#，这个符号的功能就是每个发布的视频，都可以人为定义一个主题，或者叫话题。如果多个员工，都使用同一个话题进行内容发布，会产生什么效果？2020年5月，新华联集团开展了一个"新华联一抖成名"的比赛，项目的主题内容是，所有新华联的一线员工，都可以在自己的抖音账号里发布和工作相关的视频内容，只要发布的时候使用#功能给视频添加主题"新华联一抖成名"，这个视频就可以参加比赛。最终所有的视频按照播放量、点赞量进行排序，排名第一的视频可以获得8000元的现金奖励。

新华联的员工遍布全国各地，从事酒店、景区、商业地产等各种类型的项目，所以很难进行统一的技术培训，所以大家发布的内容其实水平参差不齐。但是因为有共同话题的聚能效应，三个月的时间这个话题视频的播放量就超过了4000万。这种曝光量为新华联旗下的景区、酒店和地产项目带来了大量的客流，2020年"十一"黄金周期间，新华联旗下四大景区门票收入均实现了大幅增长。营销部门的小伙伴做了一个测算，如果不利用一线员工营建的这个新媒体矩阵，而是依靠原有营销渠道去做引流，仅4000万的曝光就需要花费超过400万元的费用。

所以线上引流工作，不是一个人做，也不是做一段时间，而是一群人构建矩阵，长期坚持。

上面讲的这个方法，适合有多个连锁的品牌使用，大家通过每个人的账号建立与发布内容，形成一个品牌的新媒体引流矩阵。

那对于单个项目要如何做？可以在微信、抖音、小红书，还有比如快手、今日头条、知乎上面，都去建立账号，做内容输出。需要注意的是，在所有这些平台上，所建立的账号名称都应该是一样的，这样，多个不同平台的同一个账号，就可以搭建起一个最基础的新媒体引流矩阵。只要其中的一个平台账号火起来，其他平台的账号也会被带动。

总结：线上引流，可以从内容流量和社交流量两个方面入手，通过抖音、微信、小红书这些平台的应用，构建新媒体营销矩阵。长期做下去，一定可以起到很好的引流效果。

任务思考

通过抖音、微信、小红书进行线上引流的操作时分别应该注意什么？

任务2.5.5　唤醒老顾客加入私域

任务目标

- 掌握避免老顾客流失的方法。
- 掌握对老顾客进行精准推荐以促进成交的方法。

内容解析

老顾客，就是在你店铺里消费过的顾客，他们了解过你的品牌、体验过你的服务、使用过你的产品。相较于新顾客，老顾客这个群体是一家店铺的重要资产，有着比新顾客更大的价值。

但是在日常的很多销售操作中，老顾客却经常受一些不公平的对待。比如，王女士今年夏天在你的店铺中买了一条裙子，买的时候是599元。

两周后，王女士收到店铺发送的一条微信：五一劳动节大酬宾，全场商品一律7折，仅限5天！文字后面还附有几张图片，其中一张正是王女士买的那条裙子。王女士心里很不愉快，用599买的裙子，刚过了两周，就打七折，也就是400多块钱，这个损失实在太大了。心里想着"以后再也不去这家买东西，简直是坑人"。这样，老顾客承受了比新顾客更多的伤害。

原来，不知道私域流量的重要性和老顾客能带来的巨大价值，可能也做过很多类似的事情。现在，明确了私域流量这样一个经营方向，那要怎样才能够不伤害老顾客，并将老顾客引入你的私域流量池中呢？

一、让老顾客占便宜

第一是从顾客心理出发，抓住顾客，避免流失；第二是对老顾客进行精准的信息推荐，让顾客有VIP的感觉；第三是引入闭环锁定，从根本上避免顾客购物一次就流失掉的情况。

首先来看第一点，让老顾客占便宜。准确点说，是要让老顾客感觉占便宜。但"便宜""占便宜""感觉占便宜"这三个词是有很大区别的。

举个例子，有家店铺设计了一个"消费送积分"的活动，消费1元换1分，积够1000分就能获赠一台榨汁机。但活动推出之后，顾客的积极性却并不高。因为多数顾客会觉得现在还是0分，离榨汁机太遥远了。

对于店铺来说，确实是要额外支付利益的，也就是让顾客"占便宜"，可是给顾客的感觉却不明显。那怎样才能让顾客感觉占便宜呢？

一家奶茶店曾设计过一个积分活动：每消费一杯奶茶，就在积分卡上盖个章，盖满一定数量后，就额外给顾客送一杯奶茶。为了测试效果，他们设计了两种积分卡，一种上面有10个圆圈，一种上面有12个圆圈，随机发给顾客。但是，如果发放的是12个圆圈的积分卡，店员会在其中两个圆圈上先盖上章，再给顾客。大家感觉这都是一回事儿，都是"买十送一"。积分卡如图2-25所示。

图2-25

但一个月后，这两周积分卡基本都盖满收回了。十个圆圈版本的积分卡，平均花了15天盖满；而盖了两个章的12个圆圈版本的积分卡，则平均只花了10天就盖满了。为什么会这样？

因为十个圆圈的积分卡，是从 10 分之 0 开始积分，而十二个圆圈的积分卡，是从 12 分之 2，也就是 17%开始积分的。虽然都还差 10 个章，但第二种情况下顾客感觉多占了 17%的便宜。因此积极性大增。

所以占便宜不重要，让老顾客"感觉占便宜"才最重要。

对前面所说的那个积分换榨汁机的案例，应怎么改进？可以把领取榨汁机的积分门槛设置为 1500 积分，然后任何顾客只要消费并加入私域流量池，就直接赠送 500 积分。其实，就是你给老客户一个"感觉占便宜"的机会。

让老顾客"感觉占便宜"的方法还有很多，比如用库存商品举办一次促销活动，但是要特别标明，本次活动只针对老顾客，在操作的时候也严格把关，这样老顾客就会感觉占了便宜，举办几次这样的活动后，活跃的老顾客会越来越活跃，原本快要流失的老顾客也会被唤醒。

也就是说，唤醒老顾客加入私域流量池的第一个方法是，让老顾客感觉有便宜可占。

二、对老顾客进行精准的信息推荐

很多店铺对老顾客发信息时，都是群发，当产品比较多的时候，所发出的 100 条信息，可能只有 1 条是顾客真正需要的信息。这条信息能被顾客看到吗？其实很难，因为这 1 条信息淹没在 99 条无用的信息里，很难被发现。而且当顾客接收到几十条、甚至只接收到十几条无用信息后，他就判定你是在骚扰他了。

从此，你发的所有信息都会被归类为无用的垃圾信息。这样即便有一条信息对顾客非常重要，他也不会看。

所以为了唤醒老顾客，你需要发送对这个老顾客一个人的有用信息。顾客 6 个月前在你的店铺买过婴儿初段的奶粉，现在你为了唤醒他，就要发婴儿中段的奶粉信息。

用专业度及对顾客建立的完善的客户档案，对顾客做精准的信息推荐。顾客收到信息，会觉得原来不管多久没去买，你一直在关注着他，你一直在他身边。

上面所说的这两个方法，综合起来更好用。比如：一家销售女鞋的店铺，在盘点的时候发现店内有 30 双 35 码的新款鞋子，怎么处理？原来的方法是，断码的鞋子单独摆在清仓销售区，打很低的折扣，期待着遇到正好有穿 35 码的顾客来挑选。

现在，为了唤醒老顾客，可以把老顾客中，穿 35 码的全部筛选出来，然后选择 10 位喜欢穿高跟鞋的顾客，把 30 双断码鞋中的高跟鞋全部挑出来，拍照后，一对一发给这 10 位顾客，并说："×姐您好，好久不见了，昨天在销售中发现一款鞋子特别适合您，高跟的，也正好有您穿的 35 码，就给您留了一双，您今天下午过来试试吧，喜欢的话就带走，不喜欢的话我再卖给别人。而且，您账户中还有3000积分没有兑换，买这双鞋子可以直接抵现金使用。"在这个操作中，把30双鞋子一对一匹配给顾客，这就是精准，账户中有3000积分可以直接抵现金，这就是让顾客感觉有便宜可占。再加上"您穿35码，我专门给您留了一双"这样尊贵的服务体验，这种又贴心又能占便宜的感觉，很少有顾客能够拒绝。

以上所说的这两个方法，都是针对已经"需要唤醒"的老顾客。那有没有可能让顾客从第一次消费开始就一直活跃，不需要刻意唤醒，就能够在私域流量池里贡献价值。这就是今天要说的第三点，闭环锁客。

三、闭环锁客

这个闭环主要包括五个步骤，分别是迎宾、服务、链接、互动、邀约。迎宾和服务不用多说，这是原本的销售服务，需要增加的是后面的三个步骤。链接，也就是在顾客离店前，通过加顾客微信、留顾客电话的方式和顾客建立链接，在顾客走后可以随时触达；然后在顾客离店后，和顾客保持良好的互动，发信息聊天，在朋友圈做评论等，让顾客始终记得你，甚至建立比较好的情感关系；最后当有针对性的精准的产品和服务推荐的时候，邀约顾客到店。在这个闭环中，顾客会一直循环体验不间断的服务，成为私域流量池中坚实的支撑力量。

总结：让顾客感觉占便宜，是从利益吸引的角度，唤醒老顾客，这里面既要有利益的付出，更要有对顾客心理的巧妙把控。精准的信息推荐，会让老顾客觉得你一直在他身边，而且很贴心地为他提供精准服务。当然，事后挽回不如事前锁定，从根本上来说，做好迎宾、服务、链接、互动、邀约这样的锁客闭环，才能让老顾客成为私域流量池中坚实的支撑力量。

任务思考

- 如何实现对老顾客的精准信息推荐？
- 如何设计销售服务流程以保证老顾客不流失？

项目3　直播流程及运营

任务3.1　直播流程与构成模块

🔔 任务3.1.1　直播行业认知与主播定位

📖 任务目标

- 了解主播核心能力模型。
- 掌握主播人设的打造方法。

📖 内容解析

成为一个主播需要什么样的核心能力？

从2020年至今，随着直播日常化和大众化的发展进程，带货主播已经成为了一种社会职业。

一个在海边打鱼的大爷可以成为主播，一个普通服装店的老板可以成为主播，一个刚刚大学毕业的学生经过学习也可以快速成为主播。概括为大家常常听到的一句话，"人人皆主播，万物皆可播"。

但是，每个人是不是都可以成长为一个优秀的主播？

先来看目前优秀主播的人才画像。

第一，他们的年龄为25~40岁。年龄太小，对社会和人群缺乏深刻的了解；年龄太大，对新事物的适应缺乏动力。

第二，他们大多在专门行业或专业领域有过2~3年工作经验，尤其是营销岗位或销售岗位的工作经验。因为直播带货本质上仍然是销售，需要主播具备一定的销售能力，这个能力是需要经验积累和实践磨炼的。

第三，他们乐于接受新事物，并且有较强的学习能力。从传统行业到直播电商，其实需要主播跨过一个很大的心理门槛，并且在一次次的直播工作中不断学习进步。所以，对新事物的接受能力和较强的学习能力必不可少。

第四，他们大多性格外向，乐于表达自己。直播带货需要用心经营粉丝，粉丝对主播的信任，在很大程度上决定了直播间的转化率。而通过镜头的表现获取粉丝信任，这就需要主播乐于表达、善于表现。

但是想成为一个大主播、好主播，只有这些特质是不行的，还需要从更专业、更专注的角度来提升能力。

可以通过以下7个"主播素质模型"来提升。

(1) 清晰的工作定位，指的是把主播当职业，而不是浅尝辄止。

(2) 规范的工作流程，指的是整个工作的步骤和标准要清晰，这个在后面的课程中会讲到。

(3) 严谨的脚本设计，指的是主播在镜头前说出的话是为带货而设计的，不是想到哪里就说到哪里。

(4) 娴熟的销售技巧，指的是主播带货的目的是卖货，所以对销售技巧的掌握和应用必不可少。

(5) 有说服力的语言表达，指的是主播的表达应该是有感染力、让人信服，而不是随意的、日常的。

(6) 专业领域的知识，指的是企业内的直播带货人员，必须对企业、品牌和产品有足够的了解。

(7) 有感染力的镜头呈现，指的是镜头前的表演需要语言、行为、情绪的综合支持。

2019年以来，平台加码、政府政策扶持、头部主播凸显，推动直播电商进入爆发式发展阶段。2020年直播电商渗透率持续提升，直播电商行业向平台化、产业化发展，"淘快抖"三大巨头领跑，2021年直播电商规模继续保持高速增长。与此同时，主播也从过去被认为"不务正业"到"得到家人和伴侣的认同"，这意味着主播这一职业的社会认同感得到了空前的提升，也要求主播不断从职业化、专业化的方向提升自己。

了解了主播的人才画像和素质模型之后，再来看第二点，成长为大主播需要做怎样的心理建设和情绪管理。

在培养主播的工作过程中，新人主播经常会面对 3 个问题：

(1) 开播前紧张，不知道如何面对粉丝。

(2) 直播中，看到直播间人数少就泄气。

(3) 遭遇黑粉攻击应如何应对等问题。

首先，教你一个开播前心态建设的方法：播前三问。

1. 此时此刻是谁？

开始一场带货直播前，首先想想此时此刻我是谁，这是一个身份的认同。告诉自己，此时此刻我是一名线上导购员，是粉丝的专业消费顾问。

2. 这场直播能做什么？

什么时候需要播放音乐，什么时候需要跟粉丝答疑互动，什么时候需要为粉丝展示和介绍产品，一定要非常清楚。直播带货的核心是货，主播要清楚在直播带货过程中，不仅比粉丝更了解商品，还要帮助粉丝找到最适合他的商品，从而达到一个良好的带货效果。

3. 如何给大家带来不一样的直播感受？

这是你和其他达人、带货主播最关键的区别点。

有些主播只是非常机械地介绍产品，围观的人会觉得直播的积极性不高，就是一个"人肉详情页"。这种直播，粉丝不会停留，更不会下单购买。

如果你自认为是一个负责的、专业的消费顾问，专业的商品导购，首先要让受众感受到你真诚、热情、用心的态度；再加上自己的专业素质，对每款商品了如指掌，对参与者的问题对答如流，后面的成交自然会水到渠成。

海尔直播间是"双十一"家电销量最高的直播间，他们的主播在整场表现得非常棒，是店铺直播的一个典范。

在海尔的直播间，海尔的家电每一场直播有 100 多款产品，随便说出一款产品或者一个链接号，主播都能在几秒钟之内说出它的性能、价格。如 3 号是哪个产品，6 号和 108 号链接的产品区别，主播都能在最短的时间内讲出。这就是因为主播足够专业，主播对自己的身份认同就是主播一定要比用户更了解自己的产品。

在整个直播过程中，如果客户觉得主播很负责，一般是因为主播足够了解产品，说话有底气，表现得非常有自信。

因此，在直播前要给自己做心理建设：**主播的身份是一个自信的专业导购**，以一个不卑不亢的态度面对大家，才更容易被认可。

另一个让主播积极性受挫的问题，就是流量不高，直播中直播间人数少。这个问题在新人主播时尤其常见。

在流量不多的时候，流量来源主要是粉丝回访，如果主播因为直播间人数少而丧失积极性，忽略与粉丝的互动；粉丝又会觉得直播内容消极、主播状态不好，从而导致回访率降低；回访降低会导致直播间人数进一步降低，这就会使主播陷入恶性循环。

这里给大家提供两种解决方案：

首先，做好直播前的文案准备工作。可以向别的优秀主播学习自己缺乏的知识、话术、产品介绍、产品架构等，以提升自己的直播水平。

其次，明确直播各阶段的目标。店铺直播时间长、流量少、缺乏直播的激情，大部分是因为没有明确的目的。大家不妨把它想象成给自己设计的闯关游戏，今天这场直播涨20个粉丝，是一个目标关卡，下一场直播的销售是2万，也是一个目标关卡。每一场一定要有目标，以终为始，有自驱力，这样就始终会保持非常好的积极性，状态也会保持得非常好。做到目标可量化，设定时间节点，明确达成目标所需的技能，才能提升直播的状态。

最后来看，如何应对"黑粉"及差评。

首先，不用难过，从好的方面来说，"黑粉"的回复互动也带来了更多的流量和用户。

其次，要分析受众黑评的出发点是什么，如果出发点只是自己心情不好，对这种"黑粉"，可以让一些忠实的"粉丝"帮助自己解围，或者最快捷的方式就是禁言。

还有一种"黑粉"是觉得收到的货不好，或者是产品的质量有问题，这时就要分析问题，以诚信待人，保证品质，树立口碑，针对"粉丝"提出的问题，一定要积极地予以回应，不回避。

回应的方式不能太过强硬，只是强调自己的产品好，还应提供解决方案。例如，先了解具体是什么产品，什么时候买的，具体出现了什么问题，表达你非常重视这个问题的态度，如果发现这类问题一定会第一时间处理等。记下客户的名字或订单，第一时间由客服联系客户。这样，主播给出了一个明确的解决方案，表明厂方的态度，并尽快让客服或者工作人员联系客户。做好正确应对工作。

主播是一份职业，也需要专业的技能以及职业素养。很多主播会因为自身和外界的压力陷入职业价值否定，因此需要更多的心理锻炼，从而更好地面对直播出现的各种问题。

以上是主播所需要的核心能力，那么，如何找到主播人设与定位？

首先来看主播人设建设的三大原则。

人设，是指提到一个人的时候你对他的印象或者标签。

在做直播电商业务的时候，"人设"又有什么价值和意义？

例如分析一下，很多主播在直播间里卖的东西很杂，不同品类、不同品牌、不同产品在一个直播间都能够卖得很好，这是因为消费者在主播直播间购物，并不单纯是冲着产品本身去的，而是因为他们信任主播，所以信任主播推荐的产品，这种基于对人的信任而产生的对产品的信任，就是今天要讲的主播人设的最大价值。一个好的主播人设不仅能够帮助主播实现直播过程当中的顺利成交，还能够在前期快速为主播积累大量的"粉丝"。

所以一个好的商业主播人设，应该围绕与粉丝建立信任关系展开。

具体有三个原则需要遵循。

一、人设要表达个人态度，而不是官方发布

什么是官方发布？我们以一个案例进行解释。图3-1左侧的图片是花西子的官方发布，其中介绍了花西子的品牌理念，以及对产品制造的六大匠心坚持等信息，完全是以官方口吻来陈述的，我们称之为官方发布。

图3-1右侧这张图片，则是小红书上某位达人分享的关于花西子眼影盘的配色教程。在这个分享当中她说"要不是为了试色，我哪里忍心下手摸它"，从话语本身来说，这一段描述一点都不严谨(语言文字也不够规范)，为什么？眼影盘不舍得摸，还怎么用？所以这是有些极端化的个人态度。但是对比这两种方式，你会更喜欢哪一种？相信大多数人都会选择个人态度，而不是冰冷的官方发布，因为个人态度的表达更有亲切的属性，更有温度。

图3-1

所以，在人设建立的时候需要注意人设方向应该是表达自己，而不是表达品牌，要让主播成为消费者和产品之间的桥梁，让人们信任主播，从而爱屋及乌地信任主播推荐的产品。

二、用人性表达替代物性表达

何为物性表达？如同图 3-2 左侧这张图，它呈现的是某件产品的物理属性，这种表达是基于产品本身的表达，所以称它为物性表达。物性表达不考虑消费者的感受，完全是自说自话。

何为人性表达？看图 3-2 右侧这张图片，在产品描述中首先说的是产品很适合新手(语言文字风格也比较另类，给人年轻、清新的感觉)，眼妆颜色清新、消肿且减龄，日常约会、通勤都可以用。这就是基于消费者需要的人性表达。

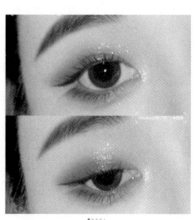

图3-2

对比这两种表达，可以发现人性表达比物性表达更加贴合生活场景，解决了新手眼妆配色难的问题。

所以，主播人设需要更多的是基于人性的表达，而不是所在品牌或者所要带货的产品的物性表达。

三、用社交属性替代销售属性

什么是社交属性？如图 3-3 左侧图片中的案例，它表述的是"产品非常好，所以买吧"这样一个主旨。而右侧这张图片它所表述的是这一类人适合用这件产品，这就是一个典型的社交属性。

社交属性比销售属性的人设更能够吸引粉丝，这是建立人设需要注意的第三个原则。

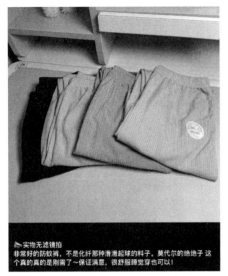 

图3-3

总结：个人态度更有温度、人性表达更贴近消费者、社交属性更具吸引力，这是主播人设建立的三个基本原则。

接下来介绍商业主播人设建设的模型。一个完整的人设打造，需要包含4个部分。

第一部分：自定位

自定位就是主播最有优势的特质。比如，可以说自己是"北京王哥""二胎宝妈""绝世好男人""飒爽女汉子"等。

但要思考这个特质能否一直强势突出，始终伴随着并支撑你的直播工作开展。

这里，可以通过以下几个参考问题，帮助分析并做出个人的自定位：

(1) 我擅长的专业领域是什么？

(2) 我有什么独特的工作经历？

(3) 我有什么特殊价值的技能？

举例：某母婴导购在介绍时说到，自己是二胎妈妈，在母婴行业服务16年，拥有护理专项技能资格证。

以上3个特质加在一起直接戳到了消费者的关注点：这位导购经验丰富，值得信赖。这就解决了消费者因为知识盲区而产生的选择困难，大大提高了用户的信任度。

在了解自定位之后，接下来介绍如何强化主播人设。

第二部分：个性标签

个性标签，也就是围绕自定位，包装介绍自己。例如，用介绍我自己举例：我是一名培训教练，从事营销培训10年，协助多家企业进行导购主播培训，实现业绩翻倍，至今已经培养超过2万名营销从业人员。曾操盘某文旅项目，实现4000万次以上曝光，帮助企业实现全国前三的骄人业绩。

简单几句，就让大家增加了记忆点。

个性标签大多用在个人账号的"个人简介"或者"个性签名"，让别人看到后就能很清晰地认识并对你产生信任。

第三部分：自身风格

自身风格，就是你被周围的朋友、同事、粉丝认同的鲜明个性。比如一个培训导师，有很多学员说导师的课程听起来风趣幽默。那提取关键词，就是风格幽默风趣的培训导师。"幽默风趣的老师"比单纯的"某老师"更具体，也更有识别度。

需要大家特别注意的是，这里的定位和风格一定要和自身的真实形象相匹配，不要凭空捏造，也不要假装，因为时间久了，假的东西总会暴露的。一旦暴露，之前所建立的人设就崩塌了。

第四部分：代表符号

代表符号，是能够代表你的某个标志性语言或者行为，让人一听到或一看到就知道你来了。

比如，"oh my god，买它"，一听就知道，这是某口红主播；再比如"不赚钱，交个朋友"，一听就知道是罗老师。除了他们，大家还能想到哪些让人印象深刻的主播的个人符号？

特别要注意的是，一方面你的符号需要有足够的识别度，所以它不能是所有人都经常说的口头禅。

另一个方面，符号要具有强传播性的特点。所以符号最好是朗朗上口，比如"很多网友留言想看×××，今天TA来了""一个集美貌与才华于一身的女子""贫穷只是暂时的，记得按时吃饭"等。千万不要在代表符号里面用生僻字或者大众很难读出的、说出口的读音，比如东鹏特饮以前的广告语是"醒着拼"，读起来比较拗口，让人听不清楚，有网友甚至吐槽说听成了"洗着拼"，也让人产生不了什么记忆点，后面换成了"累了困了，东鹏特饮"，就大卖了。

有较强识别度和传播度的个人符号，就像是给主播插上了一面颜色鲜艳的旗子，让人在移动互联网的汪洋大海中能够被一眼识别出来。

人设、个性标签、风格、符号，这就是商业主播人设建设的基本模型。通过以上四个方面的建设，让主播在观众和粉丝心中的形象逐渐清晰生动、具体明确，这样主播不再是一个模模糊糊的路人甲，而是他生命中的一颗星。

总之，在带货主播所需要的核心能力中，需要大家根据自身的特点，结合本节课中所学习的 7 个素质模型以及心态建设情绪管理的方法，有目标地进行提升和弥补。在打造主播人设定位中，需要注意三个原则：人性表达、社交属性和个人态度；人设建设的模型，需要从四个方面着手，分别是人设、个性标签、风格和符号。

主播人设的作用始终是有效传达，不是无中生有。但是整体来看，具有鲜明人设的主播不仅能够缩短用户消费的决策时间，让用户尽快下单，也能依靠自己的魅力为产品赋予情感溢价，打造消费信任。

任务思考

- 主播人设打造的基本模型是什么？
- 播前三问指的是什么？

任务3.1.2 直播流程与构成模块

任务目标

- 掌握直播带货的四大基本流程。
- 掌握直播带货流程各环节的基本结构。

内容解析

一场成功的带货直播，需要做哪些工作？从时间上说，可以分为 4 个阶段：准备、实施、售后和复盘。直播带货工作流程如图 3-4 所示。

图3-4

一、直播的准备阶段

1. 明确直播目的

准备直播,第一反应可能就是写脚本或者选品。但是在做这些工作之前,主播还要完成一个重要的步骤:明确直播的目的和目标。

举例:某个服装品牌要做一场清库存的直播,那么主播在讲产品的节奏上,就要加快,时刻突出捡漏,库存有限等状况。搭配的商品选择、打包组合,都会为了清库存准备,甚至在直播间的商品陈列上,也要做一些调整。但如果一场直播的目的是涨粉,提升粉丝对产品的信任度,整个直播的策划方向就完全不同了。

具体来说,直播的准备阶段需要做以下几件事情。

(1) 选品备货、写脚本。

确定好直播目的之后,就可以开始进行选品和写脚本的工作了。选品策略和脚本的写作方法,会在后面为大家讲解。

(2) 排练优化。

很多主播写完脚本就觉得前期工作做完了。其实不是这样的,写脚本是个"纸上谈兵"的过程,主播还需要做预演,再根据实际情况优化流程。

这一步往往是主播之间拉开差距的地方。

新主播能不能养成良好的职业习惯,直播能不能让粉丝觉得顺畅,都需要通过这个环节打磨。

有的主播一紧张，讲错产品功能，本来是一款适合油性皮肤的化妆品，讲成了适合干性皮肤，好不容易建立的信任，就这么垮掉了。

还有的主播，好不容易讲完了产品，粉丝很激动，想马上下单。但是因为没提前准备好链接，或者改价操作太慢，粉丝没耐心，离开了直播间！这样主播前期做的所有准备就都打了水漂。

(3) 推广引流。

直播需要流量，开播之后做直播间投放当然是一种方法，但其实主播在直播开始前就可以做一些准备。

直播预告是最基本的操作。微信视频号、快手 APP 都有预告功能，提前设置好就可引导粉丝预约。抖音中，直接在直播动态里编辑开播时间即可。

通过短视频吸引粉丝进入直播间，也是常用的方法。向粉丝展示本次直播当中有吸引力的福利或者爆款产品就可有效引流。

(4) 打造直播间及主播形象。

直播是个视觉的交互过程，抓住用户的注意力，给用户营造一种"美感"很重要。

直播间的装修、陈列一定是符合产品特质的。卖衣服的直播间，要方便用户看清衣服的全貌；卖手工糖的直播间，一定要给人干净的感觉。

还有一些直播设备。对于设备的部分，量力而行就可以。

豪华的直播间，仅屏幕、相机、灯光、轨道等加起来，就超过了 100 万。但是大多数企业不想在这个部分做那么大的投入，有很多简化的方法。

两部手机、支架、灯光、收音的麦是不能少的。如果比较在意氛围感的直播间，建议开始就配上声卡。

除了设备环境，主播在服装、化妆、道具上也要用心准备。不管男女主播，都应化妆上镜。

即使现在直播平台都有美颜功能，但不建议各位主播把美颜开得太明显，所以提前化好妆仍然非常重要。

例如，瘦脸功能开太多了，后面的场景也会跟着变形。而且一有大的动作，或者在讲解过程当中，有产品特写，主播的脸就会忽大忽小，反而影响直播的整体效果。

2. 直播的执行阶段

接下来进入直播流程的第二个阶段——实施。

这个阶段，主播们会重点关注 5 个要素。

(1) 主播和副播的配合。

主播和副播配合在镜头面前的呈现，就像说相声一样，对口相声比单口相声更能够吸引粉丝。所以在带货直播中，很多主播会采用主播和副播同时在镜头面前呈现的方式来进行直播。

(2) 直播节奏。

即呈现节奏。虽说是直播带货，但是一场4个小时的直播，主播不可能全程带货，需要在中间加入游戏环节或者互动抽奖环节。

可是这些环节加在哪里？一方面需要主播在前期做脚本的时候，提前做好设计。另一个方面，也需要在直播过程当中，根据直播间的热度、直播间粉丝的氛围来进行实时调整。当主播发现直播间观看量下滑，或者评论区没那么热烈时，就需要加入互动环节。

(3) 互动话术。

互动话术也是主播要重点考虑的部分。比如"想看主播左手这一套衣服效果的刷1，右手这一套的刷2"，就是一个互动的设定。主播说完这句话，就会收获大量的粉丝互动。

(4) 成交技巧。

直播带货的最终目的还是为了带货。所以销售的过程需要主播有足够的成交技巧来辅助，这也是主播基本素质模型当中必备的一个模块。

比如，当产品价格超过顾客心理预期的时候，利用行为心理学上的心理效应来进行应对处理，这就是成交技巧发挥能量的时候了。

(5) 团队支持。

直播过程中，团队支持也非常重要。

在一个直播间当中，有主播和副播，也有场务和内勤，还有客服和商品，大家需要通力协作，在直播实施的过程中做好工作配合，以提升直播间观众的体验。

从实施阶段的五个要素可以看出，一场好的直播，不仅有主播的功劳，还有现场整个直播团队的配合与支持，缺了这些支持，直播的呈现就没法做到完美，而若把每一点不完美若呈现在镜头面前，都是对粉丝的一种伤害。

3. 粉丝牵引

一场直播中有相当大一部分的流量是路人，也就是说他不是主播的粉丝，只是逛一逛，偶尔看到了。

这个时候能不能把路人转化成粉丝？就需要主播做相应的流量引导。

对于已经是粉丝的那些观众，同样需要做牵引。

主播会在直播当中，告诉粉丝明天晚上会有什么好的产品、好的福利给到大家。这就是为粉丝建立一个牵引，让他第二天晚上还能够来。

4. 直播售后

售后部分主要是运营部门负责，这里就不再赘述了。

5. 直播复盘

对直播带货来说，要想让下一次的直播效果更好，在下播后进行复盘则显得十分必要。几乎所有的头部主播，都会在每场直播结束后进行直播复盘，对刚结束的直播优劣得失进行梳理，至此一场直播活动才真正结束。

那么如何有计划地进行复盘呢？一般来说可以分为三个步骤：数据分析、岗位总结、优化措施。

(1) 数据分析。

数据分析指的是需要对直播过程中的观看率、转化率、单品的销售量等数据进行分析和总结。

(2) 岗位总结。

岗位总结指的是一场直播，各个岗位都需要对自己本场直播当中的工作表现进行复盘，总结哪些地方做得好，哪些地方做得不好，以便下次改进。

(3) 优化措施。

依据数据分析、岗位总结，可以得出优化措施。在下一场直播的时候，尽量避免问题，发挥优势，以便让直播间可以在每一次直播中都超越前一次的表现。

以上是直播的工作流程。

总结：直播的流程分为准备、实施和复盘三个阶段。

准备阶段需要明确直播目的，选品备货、写脚本。写完脚本之后，并不是准备阶段就结束了，还需要针对脚本进行排练优化。这是大主播和一般主播产生差距的地方。之后是利用直播预约、短视频内容或者投放进行推广引流。最后也别忘记直播间的打造和主播的形象管理。

在直播的实施阶段，主播需要考虑6个要素：主播和复播的配合，直播的节奏把控，互动的话术，成交技巧的使用，团队支持以及粉丝牵引。

直播结束后，要进入复盘阶段，复盘主要分三个维度：数据分析、岗位总结以及下一次直播时可以采取的优化措施。

任务思考

- 请画出一份思维导图，直观呈现直播带货的基本流程。
- 直播的目的通常有哪几种？请列出。

任务3.1.3 直播规则与平台禁忌

任务目标

- 了解直播带货的基本规则。
- 了解主流直播平台的相关平台禁忌。

内容解析

2019年3月前后，陆续出现很多抖音账号被限流、被封号及账号被重置的现象，出现这些情况就是因为视频中出现了违规内容，或者是主播的有些行为触犯了平台的相关规定，导致平台对账号进行了处罚。接下来介绍主播如何避开平台违禁词和直播行为的雷区。

一、直播平台违禁词

曾经有位带货主播，在介绍一款茶叶时，提到"今天给大家带来的这款茶叶不仅口感好，而且他是在最好的茶山手工采摘，买来送给父母很适合，可以降三高"。

很多主播都会这么说。其实，像"最好""降三高"这类词语，都是有问题的。

1. 严禁使用极限词

(1) 严禁在直播电商带货时使用世界级、国家级极限词，比如：全球首发、全国第一、全网销量第一、第一、销量冠军、首选、顶级、万能、独家、极致、独一无二、绝无仅有等。

(2) 严禁使用最高、最佳、最实惠、最新、最大、最好、最时尚、最××等含义相同或近似的绝对化词语。

(3) 严禁使用无法考证的词语，比如：领先品牌、超大牌、巨星、著名、奢侈、世界第×大品牌等这些无法考证的词。

(4) 严禁使用100%、高档、国际品牌、最高、最佳等这些虚假无依据判断真伪的夸张性词语。

2. 严禁使用时限用词

违禁时限用语，包括"仅此一次""随时上架"等这样的信息也不能用，大家不要抱着侥幸心理觉得没问题就去使用。即便这一次没有被检查到，下一次平台的审核机制也可能被检查到。

3. 严禁使用不文明用语

不文明用语指辱骂、人身攻击等，带有不文明色彩的词语，在这里就不举例了。

4. 严禁使用权威性词语

(1) 严禁使用国家领导人×××推荐、国家×××机构推荐等，借国家或者国家机关工作人员名称进行宣传的词语。

(2) 严禁使用质量免检、无需国家质量检验等宣称商品质量无需检验等的用词。

(3) 严禁使用中华老字号、国家驰名商标、特供、专供等词语。

5. 严禁使用疑似欺骗消费者的词语

比如：全民免单、点击有奖、转发必中大奖等带有疑似欺骗消费者的词语，都禁止使用。

6. 严禁使用刺激消费词语

严禁使用激发消费者抢购的词语，比如：秒杀、抢爆了、抢疯了、再不下单就没有了等这种词。

7. 严禁使用疑似医疗用词

大家在直播电商带货时，有些产品的功效可能会带有这类词，比如：调整内分泌平衡、改善内分泌失调、提高/增强免疫力、助眠、促进新陈代谢、减肥、排毒、改善敏感肌肤、祛痘、祛斑、防脱、增发等，但是在介绍产品时要注意避免使用这些疑似医疗用词。

8. 严禁使用封建迷信用词

比如：算命、算卦、护身、带好运、招财、旺财、化小人、助吉避凶等这类封建迷信的词语，都禁止使用。

9. 严禁使用对民族、地区、性别歧视类用词

比如：大汉族主义、洋鬼子、大男人、小女人、男尊女卑等这类歧视用词，都禁止使用。

10. 严禁使用化妆品虚假宣传用语

比如：高效、全效、美白、一次就变白、21天见效，改善面部红血丝、保证祛斑、祛痘等

这些无法证实、虚假夸大产品的信息用词，都禁止使用。

二、主播行为禁区

除了直播违规规定和直播违禁词之外，另外还有一些动作也是在直播间禁止的。

1. 直播间挂微信号

绝不能在直播间展示二维码或者口播其他社交软件的账号(念英文、数字)，不能引导非本平台的资金交易，不能把其他平台的二维码放在镜头前面，或者用一张纸贴在主播的背后，让大家看到，或者说在纸上写有你某个社交软件账号让粉丝添加，这些东西是平台一定要严格打击的。因为这个交易是不可控的，在直播间付钱，但平台监控不了渠道，这样对于消费者权益的保护是没有保障的，这也是平台严格管控的一个主要出发点。

2. 长时间离开直播间

还有些主播为了累积直播时间，获取任务奖励，往往会开着直播就去做别的事情。首先，从用户的角度来说，用户来看直播，主要就是看主播的。如果主播长时间不在镜头前，对于用户的留存就很有影响。其次，直播间内长期没有人，系统可能会判定为挂机行为。一旦被平台发现，将会根据违规情节基于警告、断流或封禁开播权限(1天到1周不等)等处罚。

3. 说脏话或跟粉丝激烈地辩论

不能和粉丝互怼抬杠。即使粉丝表达的认知与你不同，也不要与粉丝辩论，更不能情绪失控，说脏话。这都会导致直播间被关闭，或者账号被封禁一段时间，甚至永久封禁。

4. 涉及敏感信息的内容

包括但不限于：

(1) 使用或者变相使用中华人民共和国的国旗、国歌、国徽、军旗、军歌、军徽。

(2) 使用或者变相使用国家机关、国家机关工作人员的名义或者形象。

(3) 使用"国家级""最高级""最佳"等用语。

(4) 损害国家的尊严或利益，泄露国家秘密。

(5) 妨碍社会安定，损害社会公共利益。

(6) 危害人身、财产安全，泄露个人隐私。

(7) 妨碍社会公共秩序或者违背社会良好风尚。

(8) 发布禁/限售假冒伪劣商品信息。

(9) 发布不实信息，如虚假宣传商品和服务信息、虚假中奖、优惠活动信息、所推广商品或者服务信息与实际信息不一致等。

(10) 实施混淆、不当使用他人权利、侮辱、比较他人等不正当竞争行为。

(11) 侵犯他人隐私、肖像、名誉等合法权益的行为。

(12) 虚假交易。

(13) 引导线下或其他途径交流、交易及支付。

(14) 发布违法广告。

(15) 平台不允许实施的行为。

(16) 违反法律法规的行为。

5. 不雅的穿着和举止

有一点要特别提醒女主播，要避免换衣服或者在产品体验中不慎走光，因为做女装直播经常要换衣服，换衣服的时候一定要离开镜头。其实很多成熟的女装主播，她都会穿一个打底衫，即使这样也不要在镜头前面换装。这时可以让助理帮忙展示，也可以到镜头旁边迅速换好再进来。如果当着镜头换衣服，一般会关直播间一天到三天，这样就会打乱你的直播节奏，所以务必要注意这一点，这是行为上的一些规范。

任务思考

列出你认为最容易触碰的三个直播规则或平台禁忌，并说明原因。

任务3.2　直播选品与供应链支撑

任务目标

- 掌握直播带货选品的基本模型。
- 掌握直播过程中进行产品组合的基本方法。

内容解析

产品是所有销售的前提。在直播销售的场景中，产品的组合需要起到"引流+利润"的双重目的，这样就既需要有让顾客觉得划算、不愿离开的引流品，又需要有让直播间能够获得利润的利润品。

【案例】

某位顾客有天走到一家超市门口，看到海报上写着，"大瓶可乐惊爆价，每瓶只需5.98元"。这位顾客知道平常一大瓶可乐需要6.5元钱。所以，他走进超市，买了两瓶可乐。顺手又买了一些日常所需的纸巾、食用油和零食，共花了100多块钱。在这个消费过程中，可乐就是引流品，而纸巾、食用油和零食则是利润品。

【解析】

对任何商业来说，所有的流量其实都是有成本的。线下门店的流量成本是租金，线上门店的流量成本是竞价排名。而"引流品+利润品"的产品结构，则是拿利润换流量。在上面的案例中，6.5元的可乐只卖5.98元，少挣的0.52元就是利润，就是流量的成本。

杭州"外婆家"饭店，用批量制作的方法做了一道菜，叫麻婆豆腐，这道菜只需要3块钱，这就是引流品。而顾客消费的其他菜品和酒水，则是利润品(如图3-5示意)。风景优美的西湖景区，不收门票，就是引流品；而景区的餐饮、节目表演、旅游代步车则是利润品。在酒吧里，花生瓜子是免费的，这就是引流品；而啤酒则是利润品。

图3-5

引流品不只可以是产品，也可以是为顾客提供的便利。免费开放的网络，让顾客总想到便利店里驻足，这就是引流品。小卖部提供免费代收快递的服务，让顾客下班之后总能到店里停留一下，这也是引流品。

引流品+利润品的产品结构，既能让直播间具备先天的吸引力，又能保证直播间长期经营的合理利润，是直播间进行引流的必备产品组合模式。

有了这个必备的产品组合模式，在直播间选品时，就可以用"引流品+利润品"的方式进行选品组合。

选品完成后，接下来就是对已经选好的商品设计展示的顺序，也叫展示组合。

在这个部分,特别推荐非常有效的一种展示组合模式,那就是"主推产品+相关产品"。假如一位女士在你的直播间里买眉笔,对眉笔有需求的人,还会对你直播间里的眉刀有需求。这里的眉笔,就是主推产品,而眉刀则是相关产品,如图 3-6 示意。

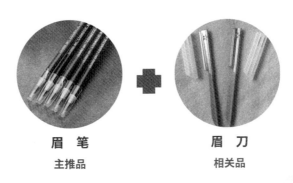

图3-6

假如一位男士到你的直播间里买鞋子,一般买了鞋子的人还要买袜子。这里的鞋子是主推产品,袜子则是相关产品。

上面的两个案例,都是通过客户需求关联起来的展示组合。

除了需求相关,还有一种叫"价格相关"。

比如,在超市买了一大堆生活必需品,到收银台排队结账的时候,顺手拿了一包口香糖,这是用高价带低价;在肯德基买汉堡,收银员提示,只需要加 2 元就可以获得一份原价 8 元的薯条,这是用正价带特价,如图 3-7 示意。

图3-7

以上这些案例都是"主推品+相关品"的展示组合带来的效果。让直播间的每件商品都自然呈现、自然销售,不如在售前下功夫,把产品形成一组一组的"主推品+相关品"的展示组合,这样不仅能让顾客的购物体验更好,还可以提高直播间的客单价。

有了"引流品+利润品"的产品组合，又做了"主推品+相关品"的展示组合，接下来需要特别注意的就是"介绍组合"。

那如何介绍产品，才能让顾客放心，让他变成你直播间的忠实粉丝？

近些年，商业社会已经从商品稀缺进入到了产能过剩的时代。原来顾客买一个杯子，目的是为了喝水，也就是它的功能；而现在顾客选择一个杯子，则很可能是因为心里喜欢，也就是它的精神属性。

中国李宁这个品牌，相信大家都不会太陌生。因为国潮的兴起和中国李宁这个大 IP 的塑造，李宁的产品单价从原来的 150 元左右，飙升到现在的 450 元左右。这就是"精神属性"为产品带来的附加价值。

所以，如果在介绍产品的时候，还只是向顾客表述产品的功能、参数这些物质属性，而对产品的精神属性丝毫不去涉及，那你就很难获得顾客的青睐，更谈不上私域流量的建设了。

该如何挖掘产品的精神属性？接下来看一个很典型的案例。某主播在直播间推荐口红的时候，比起单纯对于质地、颜色本身的描述，他还会在介绍产品之后加上洗脑式销售话术。他告诉顾客，涂上这支口红，你就是花仙子。受众很容易对所描绘的场景产生向往，毕竟大多数女士，买的不止是口红，更是对于美好生活的向往，而这正是对产品精神属性塑造的结果。

总结一句话：直播间选品要形成"引流品+利润品"组合，优先选择"物质属性+精神属性"具备的商品，商品排序时应注意"主推品+相关品"展示。

任务思考

- 直播间选品的基本组合模式是什么？
- 直播间产品展示排序的基本组合模式是什么？

任务3.3　直播脚本与编制技术

任务3.3.1　直播脚本与编制技术

任务目标

- 了解直播脚本设计的基本原则。

- 掌握直播脚本编制的方法和技巧。

内容解析

对一部两个小时的电影来说,演员要想演好自己的戏,必须有一个说明"演什么、怎么演"的剧本。一场两小时的直播同样如此,在镜头面前的呈现,容不得太多的"走一步看一步",它需要在直播开始前就提前设计并做好演练。这时就需要一个"直播脚本"。简单来说,直播脚本就是告诉直播团队的所有人"什么时候干什么"的标准。

本节将详细介绍如何做脚本策划。

先了解一下直播带货脚本结构,如图 3-8 所示。

图3-8

一、脚本策划≠填满表格

你可能会问:是不是按照表头把内容填满,就写完脚本了?当然不是!

表格只是一个呈现形式,最重要的是里面的内在逻辑,以达到你想要的直播目的。

二、直播主题分类及脚本设计原则

在策划脚本之前,要先明确自己要做的直播属于哪一类。

在整个企业的营销当中,直播应起到"曝光、引流、成交、锁定"的四重价值。所以依据价值定位的不同,把直播主题分为四类:品牌推广、新品预售、主题销售、感恩回馈。

其中品牌推广和新品预售大多放在一起,形成一类主题,也就是品牌种草类;主题销售和感恩回馈放在一起,形成日常化的带货销售类的主题。

1. "种草"类直播

品牌"种草"类的直播,是想让消费者深入了解品牌或者深入了解某个产品,所以这类直播的重点在于节奏和讲故事。

从具体操作上来说,设计这类直播的脚本时,需要把直播拆分成若干个"时间单元",每个时间单元都可以独立存在,这样就能够降低进进出出的观众的理解成本。

另外,为了深度传递品牌价值,在直播脚本中需要围绕品牌设置故事,每个时间单元应至少有20%的内容是在传递品牌价值。

2. 带货销售类直播

带货销售类的直播,是了让消费者产生购买行为。所以脚本设计的重点在于营造气氛和爆点刺激。所以在带货销售类直播脚本的设计中,需要时刻注意"时间"这个维度,每 15 分钟左右,一定要有一个气氛点出现,时刻吸引着消费者的注意力。以这些气氛点为基础,再去设计产品推荐的分布。

以上是直播主题类型和脚本设计的原则。

三、脚本设计流程

直播脚本的设计,从流程上来说可以分为六个步骤,分别是定主题、定框架、定节奏、填产品、填互动、填内容,如图3-9所示。

图3-9

1. 定主题

前面提到过,直播的目的不一样,策划的方向也会有很大的差别。所以在开始具体落笔之前,要先清楚,这场直播的目标是什么。可以用什么维度,判断这场直播是否成功?是销量?客单价?还是同时在线人数?

依据直播目的,确定直播类型;依据直播类型,确定粉丝对象;依据粉丝对象,确定选品方向;依据选品方向,确定直播时间、直播时长、资源配置规格、直播团队分工。

完成这些工作后,直播团队的各个岗位就需要各自开展工作了,比如商品人员要开始选品、营销人员要设计活动、广宣人员要推广引流、内勤团队要协调设备、主播和副播则是要开始熟悉产品的属性。

2. 定框架

首先，根据粉丝的类型，要评估出整场直播的模块，以及每个模块实施的时长和目标。

一般的带货直播可以分为五个模块：导入、销售、互动、爆款返场、直播收尾。

比如说要做一场 3 个小时的护肤品带货类销售直播，目标人群是 25~35 岁的女性。

可以把脚本模块划分成：

导入 10 分钟、第一波售卖 45 分钟、大互动 15 分钟；第二波售卖 30 分钟、爆款返场 10 分钟、互动 10 分钟；第三波售卖 40 分钟、直播收尾 20 分钟。

除了上面说的两次时间比较长的互动，为了增加粉丝的观看时长，还可以 5~10 分钟发放一次福袋。可以直接发红包，也可以给领到福袋的人发其他福利。将这个动作贯穿整场直播，让随时进来的粉丝，都能参与其中，延长停留时间。

为什么这么设计？因为根据评估，这批粉丝在 50 分钟左右会出现注意力流失的情况，所以中间要加一个大互动调动氛围；但是这批粉丝的消费能力又比较强，所以爆款留 10 分钟返场，以提升带货业绩。最后直播收尾时，主播也要预告下次直播的主题和时间，为下次直播预热。

3. 定节奏

根据上一步定下来的结构，在这一步继续细化，将每个模块再进行拆解。

比如在第一波售卖的 45 分钟，需要售卖 3 款产品，每 15 分钟为一个小节，第二波售卖的时候，想要节奏再快一点，30 分钟售卖 3 款产品，每 10 分钟一个小节。

以此类推，把整场直播的 3 个小时，拆解成更小的时间单元。

做完这一步，你的面前已经呈现出了一个基本的直播脚本框架。接下来，就是往里面填东西的时候。

4. 填产品

需要设计每个小时间单元里填入什么产品，依然需要充分考虑粉丝的情绪状况。

直播开场的时候，可以先对今天要售卖的所有产品，进行简单介绍。这样就算粉丝没有时间听全程，也可以根据自己的需求，调整进出直播间的时间。

在第一波售卖的开始，可以先介绍一两个价格不贵，但是粉丝已经比较认可的引流品来提升直播间的热度，让大家快速进入直播间的紧张氛围。

在直播间起量，粉丝情绪比较高涨的时候，适当放一些利润款的产品，来提升本场直播的

整体收益。

在排序的时候，引流品和利润品一般穿插着来；有相关性的产品，尽可能放在一起主推。

5. 填互动

与上一步一样，充分考虑直播间粉丝情绪状况，低谷时带动氛围，高潮时促进行动。

直播间的流量不高、粉丝互动少，可以用抽奖来带动氛围。

氛围高涨的时候，填充的互动以引发行动为主，比如关注或转发。

6. 填内容

完成了上面的五步，直播脚本就具备了生命。它充分贴合品牌状况、充分支撑直播目标、充分调动直播氛围。

但是，它还没有内容，上面填写的东西可能都只是一两个词或者一两句话，真正的长篇大论，需要在第六步进行，即补内容。

比如，对于填充进去的每一件产品，产品该如何向粉丝推荐？对于填充进去的每一次互动，具体该如何表述，如何说明？再比如，直播进行的每一个小时间单元，需要准备什么物料、材料、奖品？这些时间单元需要直播团队当中的各个岗位做什么工作配合？在这一步，要一字一句地把这些内容写出来。

关于如何写产品介绍，会有单独的讲解。在这里先提供一个框架，让你去感受。

以护肤品直播举例，产品介绍时可以从这几点入手：外观、颜色、触感、研发、气味、视觉感受、成分、构成、使用感受、适用人群。

当然不是每个护肤品都要把这几个方面介绍全，找到里面比较有代表性的地方介绍即可。

至此，直播脚本基本趋于完善。在直播正式开始之前，直播团队可以拿着这个脚本进行预演，根据预演情况，再对直播脚本做出细节的修正。

以上就是直播脚本编制的基本流程和每一步的操作方法。

总结：

本节讲解了如何进行脚本策划。在策划脚本之前，要先了解两类直播主题：品牌"种草"类和带货销售类。这两类直播脚本设计的原则有所不同，但基本的设计流程是一致的，共分为六步，分别是定主题、定框架、定节奏、填产品、填互动、填内容。

📖 任务思考

- 直播脚本编制的六个步骤是什么？
- 直播脚本编制过程中，工作量最大的是哪个步骤，为什么？

任务3.4　直播后台与客户服务

🔔 任务3.4.1　直播后台及客户服务

📖 任务目标

- 掌握直播后台数据分析的基本方法。
- 掌握直播后台岗位设定和工作职责。

📖 内容解析

几乎所有的头部主播,都会在每场直播结束后进行直播复盘。一些知名主播,即使到了凌晨一两点也会对刚结束的直播优劣进行梳理,记下可以提高的点才休息。在复盘环节上,很多人都会忽视。其实,直播复盘对于主播和账号运营者都非常重要。

养成好的复盘习惯,不仅可以发现提高直播销量的方法,还能查缺补漏,提前发现一些未暴露出来的问题,优化每一场直播,做出更好的直播效果。在直播平台的后台里,可以看到在单场直播中,有些数据会特别突出,比如销售额的增长、新增的粉丝数量、评论数的增加都是比较好的表现。把这些突出的数据提炼出来,就需要进一步结合主播的具体表现来分析原因,保留好的方面,挖掘主播潜力,方便确立直播目标和需要优化的内容等。

那么,需要对哪些重要的数据进行复盘或优化?

一、直播销售额

首先是直播间的销售额,也是最能体现直播带货能力的数据指标,但是需要综合分析一段时间内的数据走向(比如每天、每周、每月),以更真实地反映主播的直播带货力。

直播间的销售成绩和选品策略是紧密相关的,直播间的高销量商品也可以反映出粉丝的购买意愿,指导你的下次选品。也可以根据每个品类的销售数量,来评估哪个产品的带货能力更好。其实这也是一个主播去评估自己的粉丝更倾向于什么样的货品,以及自己适合带什么样的货品的过程。通过不断的分析复盘,越来越精确地把握粉丝画像,提升带货精准度。同时,也能很好地提升主播自己在与供应链合作时的议价能力,为自己和粉丝争取更多的权益。

二、优化直播间选品策略

比如：在某直播间销售额 TOP 商品品类中，3C 数码产品销量和销售额最高，都是 300 万以上的销量。而钟表饰品、玩具乐器的销量和销售额最低，几乎为零。从图 3-10 中可以看出该直播间的粉丝更喜欢购买的是 3C 数码和家电产品，而对其中的一些诸如玩具乐器和钟表配饰等产品几乎完全不感兴趣。在下次进行直播间选品时，就可以主卖 3C 和家电产品，然后就居家的产品进行串场。而对于无人问津的玩具乐器、钟表配饰产品，就可以不再出现在直播间了。这其实就是结合粉丝喜好对直播间的选品进行了优化。

图3-10

看完整体类目的案例，再聚焦一下具体产品。来看图 3-11，这场直播共上架 17 件商品，其中一款"苹果包"销量 1000 多件，远超其他商品，说明这款商品对用户的吸引力更强，可以考虑在后续的直播中持续推广，或者考虑一些与它有类似特征的产品进行售卖。

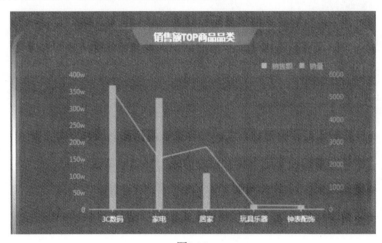

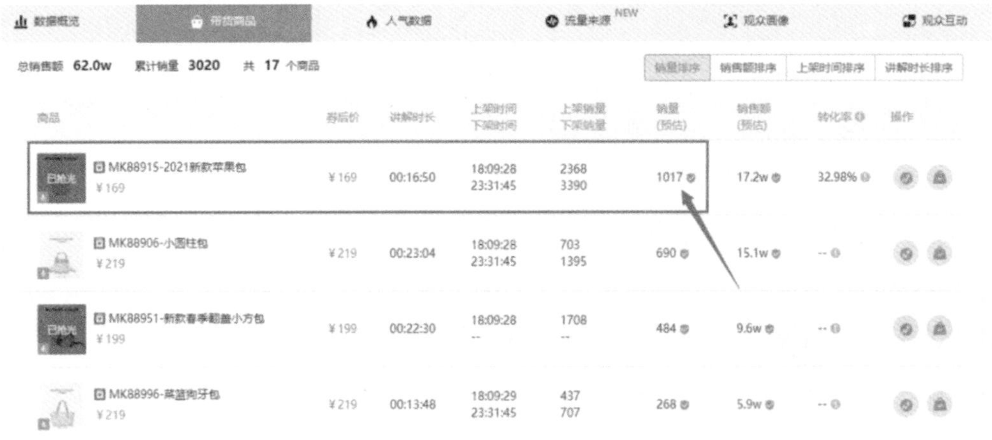

图3-11

三、优化成交用语

分析这种情况,近三天销售量一直下滑,但是三天内的直播选品和前面一段时间的基本相同,没有什么变化,直播间的观众总数也保持恒定,没有下滑,这个时候可能的问题就是主播在对产品进行推荐的时候介绍不到位,说服力不够导致销售额下滑,需要提升的就是主播的成交能力。对于主推商品,直播间经常会使用多次讲解的方式增加下单概率。

以一款护手霜为例,它在某次直播中被讲解了 11 次,总共 43 分钟,占直播总时长的四分之一,最终销量为 5665 件,销售额 77 万。

通过分析数据,发现讲解后,商品的销量出现了明显的增长,说明这段时间对讲解方式的改变,对商品销量有显著的促进作用。反之,如果讲解后销量没有出现明显变化,可能就需要改进引导下单的用语和流程。

四、直播观众总数&粉丝停留时长

每场直播的总观看人次,是一个很重要的数据,它代表着多少人次去看过你的直播。它是怎么计算的?这里有两个小点跟大家分享。第一,观众不是一进入某直播间就被计算成观看人数。需要有一定时间的停留才能被计算在内,根据平台不同,一般情况下这个时间为 15~30 秒。第二,总观看人次记录的是人次,不是人数。也就是说有些观众是进入直播间后再退出,再进去再退出,这其实是算两个人次。

根据观看人数的数值,分析哪个时间段的观众最多,结合那个时间段的直播内容,判定什么样的用语和直播形式更受观众欢迎。比如,某主播 521 粉丝盛典的 UV(Unique Visitor,独立访客)数量在直播期间出现小高峰,是因为当时直播间正在进行综艺环节,说明粉丝对综艺和直播间的结合较为喜爱,引流效果非常好。这样在设计直播间脚本时,也可以多增加些综艺环节,来提升直播间的引流效果。

相比让用户进入直播间,让用户留在直播间要更难。这就引出了另一个重要的数据——人均观看时长,也就是观众进去一次后,在直播间停留了多久。在先前的课程中提到过,即使再大的再好的主播,他的观众平均观看时长也就是 15~20 分钟,把最需要买的东西在那点时间内看完购入,观众就会离开。大主播的直播间中有较高人气的原因,多是因为人们在反复进出直播间,而不会守在直播间,跟着主播一直到直播结束。

如果直播间的效果不好,或者主播的能力不高,顾客就会选择去其他直播间;直播间的顾客留存数据差,就会影响系统能否给直播间分配更多的公域流量。

而观众停留的时间越久，说明直播间的产品越有吸引力，主播对观众的影响越大，直播间的人气越高，按照抖音的推算机制，系统就会将该直播间推荐给更多人观看。

所以，留住直播间的观众，提高观众留存时间，对于直播间上热门有很大的影响。

五、优化互动设计

为了保证直播间热度，通常会使用"整点抽奖""增加引流款投放比例"等互动玩法来增加直播间的趣味性，从而提高观众停留的时长。从直播观众的互动数据也可以看出观众的购买倾向和主要需求，最主要的就是看弹幕词。通过直播间的热门弹幕词，可以知道粉丝对什么感兴趣，下次直播的时候就可以多准备一些相关的话题，来调动直播间气氛；也可以知道观众对哪些商品的兴趣比较高，在之后的直播中可以持续进行推广；或者用户有哪些疑问，可以在下次直播前准备好，避免出现直播事故。

除此之外，当直播间的观众停留时长趋于稳定后，比如，连续一周，直播间观众的停留时长都是12分钟左右，就可以把自己直播间呈现的最小时间单元设定为12分钟，这样，当观众看完一个时间单元刚想离开的时候，新的一个时间单元内容就开始了，这样直播间观众的停留时长也会再次增加。

六、直播间的分享人数

直播间分享人数，指的是直播间被分享了多少次。这里可以思考一下，什么样的直播间，你真正想去分享？答案可能是它的商品非常实惠，或者直播间特别有趣，或者直播间所卖的产品比较稀缺，让观众想赶紧分享给闺蜜和好朋友。在直播电商中，通过分享进入直播间的消费者的转化率是最高的，远远高于只点赞和观看的消费者。所以在直播间与粉丝互动时，也不要忘了提醒他们多跟自己的朋友分享。

七、优化流量运营策略

另外还可以从流量运营的层面进行优化，关于直播间引流，这里给出两点建议：

(1) 拍一条今日直播商品的短视频，然后就是连爆打法。连爆打法指的是，我们发出的视频出现爆款后，在增长停止的时候删掉，然后把视频重新再放一遍，这样视频会带来更多的粉丝和收益。最终短视频和直播都会有更多的粉丝感兴趣。

(2) 通过对应的社交平台、论坛和垂直社群来引流吸引精准用户，具体有找垂直社群，寻找群内活跃的人，私聊社群成员，加好友，然后建群运营，最后再直播预热引流。因为引流涉及直播运营的范畴，所以这里就不详细展开了。感兴趣的读者可以在其他直播运营的课程中继续学习。

八、直播间人群画像数据

直播间的带货效果，也取决于进入直播间的人群是否精准。

在直播平台的系统后台，可以看到观众的一些基本信息，图3-12为某直播平台的观众画像。

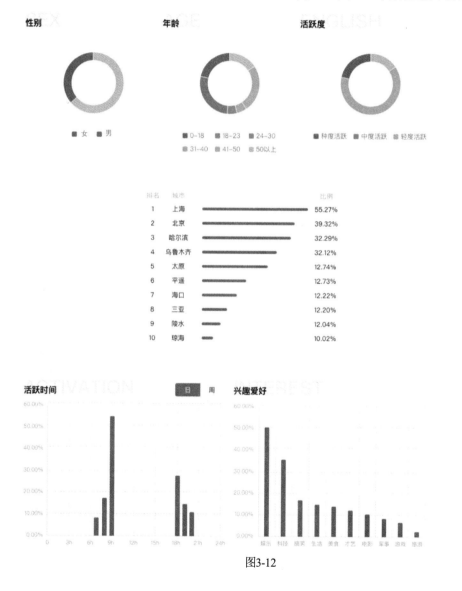

图3-12

从图3-12可以看出观众的性别、年龄、活跃度、地域、活跃时间及兴趣爱好，有经验的主播通过这些数据就可以判断出粉丝的基本画像。

绝大多数主播是依靠不断积累的粉丝一步步成为大主播的，他们对粉丝的画像了如指掌，并且会认真搜集和总结每场直播的数据，用心把它们记下来，每过一段时间就进行总结。

九、优化粉丝定位与电商产品的契合

如果所售产品只是根据自己的喜好，而不是根据观众画像选定，直播效果就会大打折扣。

假如商品展示 1000 次，商品被点击 0 次，说明观众没有进行点击，推断直播间内主播的引导力、货品的吸引力不足，更深的原因可能是账号的粉丝定位与直播间的电商产品不匹配。比如女粉比较多，但是直播间推荐的产品是男性用品，比如剃须刀、汽车用品等，这样商品的点击次数肯定不会高。因此，直播间的观众画像数据，包括年龄、性别、兴趣、职业等，也是你需要了解的，掌握了这几个数据，无论是选品还是直播间的优化，都能找到切入点。

以上所讲的几个方面是做主播时主要使用的数据分析方法，一场直播结束以后，数据复盘是最为重要的一个环节，只有及时发现这场直播中出现的问题，才能在下一场直播中有所突破。直播数据和主播行为相辅相成，缺一不可，数据的高低都是有据可循的。比如，增粉率低，可能是主播引导关注的行为不够多；互动率高，可能是当时的福利活动受到粉丝青睐等。

对想提高自己的带货能力的主播来说，数据复盘带来的成长是非常迅速的，有时候仅仅只是一个话术的改变都会演化为爆发式的增长，所以重视直播数据复盘，就是对自己最好的投资。

十、直播复盘：岗位总结

这是一个主观回顾的过程，总结出做得好的地方和做得不好的地方，比如直播运营过程中哪个地方需要提升，流量运营是否有问题，商品上下架是否有问题等。通过复盘总结可以为下一次直播数据的提升打好基础。

直播间主要岗位有直播运营官、主播、副播、流量运营、商品客服。接下来我们分别做介绍：

1. 直播运营官

直播运营官同时也是复盘的组织者，随时观察现场直播过程中的所有事情，时刻关注直播的目标达成情况，在线人数少时组织加强引流、送福利、留住人并增加互动等方案，对直播的稳定性和高效性负责。

在直播过程中，直播运营官需要注意的问题主要有产品上镜缺乏特点，产品要点归纳不足，直播数据出现预测偏差，对直播途中的突发状况未进行有效的把控等。

2. 主播

主播要直接面对用户，只要不是特殊产品或在特殊直播间，一般都会选择高颜值的主播，主播要有较强的应变能力，对产品和直播间有自己独到的见解，可以主导或参与选品、归纳卖点、展示产品、策划直播玩法、复盘优化等事项。主播要具有良好的状态调整能力、语言表达能力，善于总结和不断优化的能力。

在直播过程中，主播普遍出现的问题是在线人数猛增时无法承接流量、直播间节奏出现偏差、黑粉出现时的临场反应不及时、粉丝提出的专业问题无法及时回答、产品卖点介绍混乱、号召力差等。

3. 副播

副播在直播过程中起到主播"好闺蜜"的作用，高灵敏度、高激情、高配合度的优秀人才是副播的不二选择。当主播介绍疲惫的时候，副播可以制造话题，烘托气氛；用户要看产品细节时，第一时间给产品近景；在送福利时，详细介绍产品规则及抽奖操作，直播中粉丝有任何问题要冲到第一线快速解决。

副播存在的问题一般是在直播中缺乏激情，不能提升直播间气氛；与主播合作不默契；产品细节展示不清晰；优惠券发放不及时；回答问题或者解决问题不及时；传递道具错误等。

4. 流量运营

流量运营，则是要总结此次直播做了什么营销活动、做了哪些引流和推广的动作，从实际实施效果看这些动作有没有明确的结果对照，哪些动作的效果较好，哪些动作的效果欠佳，还有没有下次可以加强的地方。

5. 商品客服

商品客服，则要总结此次直播设计的产品组合是否体现了各产品的价值，主推的爆品是否达到了效果。价格的设定和利润的把控，是否达到预期。

直播间的每个岗位，都在直播前中后期的整个流程中起到至关重要的作用，其发挥的职能是不可或缺的。但是，在企业开展直播带货工作的初期，这些岗位大多是由企业现有岗位兼任的。比如，直播运营官，通常是直播项目的负责人；营销推广，通常是企业市场部的企划岗位兼任；商品客服，则由企业的商品负责人兼任。各岗位的工作，需要在一次次的直播带货过程中不断磨合，不断进步。

关于这些岗位的具体工作内容和相关工作技巧，在直播运营实践的课程中再为大家详细讲解。

总之，直播复盘可以从数据分析和岗位总结两个方面对整场直播进行优化，数据分析中需要对直播间销售额、直播流量和直播间用户画像进行复盘，并总结它的优化措施。一场好的直播，也离不开副播、运营、客服等各个环节的配合。

从目前形势来看，电商行业的发展还在直线上升，"直播+电商"被越来越多的人接受的同时，也催生了无数主播，为他们带来了巨大的发展机遇，希望我们可以抓住这波红利，利用好5G时代视频和直播带来的广泛机遇，为自己赢得更多的发展空间。

任务思考

- 直播间后台需要对哪些数据进行分析？请列出。
- 直播间后台有哪些岗位？请列出。

任务3.4.2 搭建直播间

任务目标

- 了解直播间的基本模块。
- 熟悉直播间各模块搭建的基本标准。

内容解析

大家都知道直播带货的三要素是"人货场"，其中"人"主要指的是主播，"货"主要指的是产品，"场"主要指的就是直播间。

很多公司或者店铺，非常注重对"人"和"货"的打造，但是对于"场"的搭建却非常敷衍。

虽然说在有些摄影中，为了追求一些极致的艺术感，摄影师会故意把演员或者模特的灯光打成"阴阳脸"的效果，但是在直播间中，这种打光方法应绝对避免。

其实一个优秀的带货直播间，需要注意的不仅仅是灯光的设置，还有很多要注意的地方，接下来将从空间布置、灯光布置、道具准备3个方面，讲解应如何打造带货直播间。

一、空间布置

1. 场地面积

想要打造一个带货直播间，首先需要有一个空间，那这个空间到底多大才够呢？

一般来说,如果是坐着直播,场地要求 20 平方米左右;如果是站着播(通常是服装类目),50 平方米左右就足够了。直播间除了放一张桌子和一把椅子外,还要留出空间来架设机器和灯光,以及摆放产品等。

直播间的隔音效果一定要好,外面不影响里面,里面不影响外面。

2. 直播间装饰

不同类型的带货主播,直播间的装饰风格是不一样的,下面以服饰鞋靴直播间和美妆直播间为例来进行讲解。

(1) 服饰鞋靴直播间

做服装或者鞋靴的直播间,可以将直播间布置成服装店的样子,摆上一排挂满衣服的衣架,再放一个假人模特,铺上一块地毯(如图 3-13 所示),主播站在镜头前面,直播就可以开始了。

图3-13

① 落地衣架(必备)

建议挂满当天直播要用的服装,或者接下来几天要直播的服装,体现直播间服装款式的多样性。落地衣架会充当背景,一直存在于整场直播间当中。

② 假人模特

用来展示当季或者直播间的主推款服装,一般是帽子+衣服+鞋子的成套搭配。

③ 地毯

一般选择绒布或北欧风格地毯,具体根据所售服装风格决定。地毯是最容易被忽略的道具,但配置有地毯的直播间,看起来质感会更高,能提升直播间的环境档次,有助于提高客单价,也有利于出单。

④ 展示台

展示台不是必备道具，一般适合于婚纱、长裙类的服装，因为这样的衣服比较影响模特的身高感觉。如果模特不是很高，就撑不起这样的衣服，站在展示台上就可以展示长裙和婚纱的拖地感。

(2) 美妆直播间

美妆直播间内，主播通常是坐着播的，场地不需要很大，主要就是要有一张主播专用的桌子，一个美妆展架做背景，如图3-14所示。

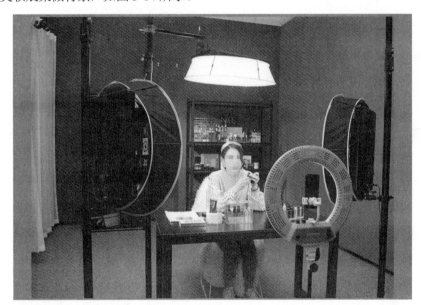

图3-14

① 专用直播桌

护肤彩妆类的直播间往往是坐着播，直播的产品会放在桌子上，方便主播取用，也可以用来展示产品。

② 美妆展架

美妆展架上摆满了化妆品，不仅可以展示自己拥有的产品很多，还可以体现自己在美妆领域的专业性。

③ 低靠背主播椅

低靠背的主播椅主要是考虑主播长时间坐姿的舒适度，毕竟"屁股决定脑袋"这句话总是没错的。

另外，不管是什么类型的直播间，尽量不要用白色的墙面，因为白墙面很容易出现曝光和反光。尤其是在灯光直射墙面的时候，光线会反射到主播和观众的眼睛里，时间长了会感觉疲劳。一般建议直播间的背景墙颜色采用浅灰色或浅棕色，这样更容易突出主播和产品。

二、灯光布置

很多新人的直播间，因为不懂得如何布置直播间光线，要么昏暗要么曝光太过，视觉观感很差。其实直播间要做到专业打光，并不难。

一般情况下，直播间里一套完整的灯光设备包括环境灯、主光灯、补光灯、辅助背景灯。各灯光的主要作用分别如下：

1. 环境灯

环境灯主要起照明的作用，负责整个直播间的亮度，通常以冷色调的灯光为主，一般是顶灯或者是独立的 LED 灯。

2. 主光灯

主光灯一般选择环形灯，以使主播的脸部和产品受光均匀，同时起到磨皮美白的效果，让主播的脸部和产品看起来比较柔和。

3. 补光灯

补光灯一般选择球形灯，打出来的光足够柔和，主播前侧左右各放一盏，既能补光又能柔光，起到一定的美颜效果。

4. 背景灯

一般安装在主播身后的背景墙上，作用是装饰和烘托氛围，让直播间的明暗对比更加立体。

直播间的布光非常重要！一定不要因为直播间光线问题导致人像不立体、展示物品不清晰等。

灯光的布置最好符合"蝴蝶光原则"。这是美国好莱坞电影厂早期在拍摄影片或者剧照时拍女性影星惯用的布光法，也有"美人光"之称。这种光线会在主播鼻子的下方形成一个蝴蝶状的阴影效果，蝴蝶光不仅漂亮而且喜庆，会让主播脸型显得瘦小。蝴蝶光使用前后效果如图3-15 所示。

蝴蝶光灯位的布置方法如下。

(1) 主光源在镜头轴上方由上向下 45°方向投射在人物的面部。

(2) 调整主光与模特的距离。

(3) 在鼻子的下方投射出阴影，阴影似蝴蝶的形状，使人物面部有一定的层次感：灯位高度正常，或者偏高时，阴影的角度向下，同时会对被摄者——一般是女性的脸颊产生一定的阴影，显得脸颊更瘦；而如果灯位过低，就会导致脸颊两侧的阴影减轻，拍出大饼脸的效果。

图3-15

三、道具准备

除了直播间的灯光和背景外，在直播的时候还可以辅助一些小道具来提升直播间的氛围，以达到更好的转化效果。

主播并不是站在镜头前面，手里拿着商品，随便做做介绍就能卖出东西。如果有道具的辅助，就能达到更好、更高的转化效果。

1. 小黑板

小黑板在带货直播间里是一个非常重要的小道具，可以更加清晰地写出产品卖点、当日福利等信息，减轻主播和客服的工作强度。

比如，某主播在直播间用小黑板讲解护肤知识，并且对每一个化妆品的淡斑、美白和护肤功能都做了详细讲解（如图3-16所示），专业的讲解让网友直呼梦回高中课堂，甚至想要起身向他鞠躬，说一句"老师好"。

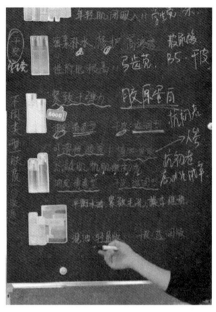

图3-16

2. 计算器

很多主播在带货的时候,如果碰上赠品特别多的产品,就会拿出计算器来"叭叭叭"一顿操作,嘴里还说着"我来替你们算笔账,看看今天在我直播间买有多划算"。一定要买那种带声音的计算器,用计算器的按键声来刺激消费者,帮助消费者做出购买的决定。

3. 秒表

秒表是一种非常有用但很容易被忽略的直播间神器,主播一般会用它来营造一种"再不抢就没有了"的紧迫感。

任务思考

制作一份直播间设备表,并评估预算。

项目4　直播间互动训练

任务4.1　直播开场预热训练

🔔 任务4.1.1　直播开场训练

📌 任务目标

- 掌握直播开场九字模型。
- 掌握主播彰显、主体说明、福利说明、产品浏览的话语技巧。

📌 内容解析

一场直播留给粉丝最直观的印象就是开场，尤其是对那些忠实粉丝来说，他们从直播间开播前就一直守候，直播开场虽然时间不长，但就是这十几秒或者几分钟的时间，如果不能抓住用户的吸引力，用户就很容易离开直播间。那么一个好的开场应该如何去做？

1. 直播开场九字真经

先听下面这两段直播开场白。

直播间一：欢迎大家来我的直播间，没点关注的朋友先点个关注吧！

直播间二：欢迎各位宝宝们来我的直播间哦，我是你们的好朋友×××，非常感谢你们的支持。今天主播除了给大家带来夏日爆款女装单品，还会给大家分享夏日穿搭显瘦、显白的技巧。稍后在×点会有连麦哦……今天的平台活动是……今天的店铺活动是……今天直播间的活动是……，第一次来到直播间的宝宝如果还没关注过，可以先点一点头顶上方的关注按钮哦！

相信90%的人会选择留在第二个直播间。

我们很容易看出上述这两个案例的差别。在第二个案例中，人们可以很清晰地知道直播间的主题和利益点，也会更想停留。总结起来，直播开场要起到说明"我是谁、要干嘛、跟我来"的作用。

"我是谁"指的是直播开场的时候一定要向粉丝表述，彰显自己的个人IP，并且说明自己的特点。

"要干嘛"指的是直播间的主题。今天晚上的整场直播，主题是什么，要给大家带来什么，可以做一个简单的说明。

"跟我来"就是号召大家关注或者转发，让更多的人持续在直播间里面投入时间。

2. 直播开场模型拆解

接下来，从主播彰显、主题说明、福利说明、产品浏览这四个方面具体拆解直播开场模型。

(1) 主播彰显

主播彰显。这里举个例子来说明，比如说很多主播在开场的时候会说，hello大家好，欢迎大家来到×××直播间，我是你们的主播×××，今天的副播是×××。

主播彰显的作用及示范

这句话的目的有两个：一是开场立意，告诉观众该直播间是一个什么直播间，另外一个就是彰显主播的个人IP，这种彰显其实在整场直播中都非常重要。主播彰显主要做两件事情，第一，直播间是什么；第二，主播是谁，副播是谁。告诉粉丝直播间是什么时，需要把完整的直播间名字清晰地表达出来，而告诉粉丝主播是谁，副播是谁的时候，则要做到"特色鲜明"，可以加上自己标志性的语言或动作。语言、动作、情绪配合到位，会给观众呈现一个人设鲜明、精神饱满的形象，很容易被观众记住。

直播过程中，主要的介绍会集中在要销售的货品上，所以对于主播和副播的个人彰显其实并不多。而开场和结语两个部分，就需要主播对自己进行一个比较明确的彰显。只有这样，才能够更好地通过直播来塑造主播的个人IP，并以此来吸引更多的粉丝。前面讲主播人设的时候，讲过符号，符号像旗子一样让粉丝从茫茫"主播"当中认出来该主播。主播彰显这个环节，就是植入符号最好的时机。比如，某主播的开场，一定有"废话不多说，先来抽波奖"；或另一位主播的开场，一定有"交个朋友"。这就是开场的第一件事情：主播彰显。

(2) 主题说明

建议大家对每一场直播都定义一个主题，例如在 2020 年武汉疫情形势比较严峻的时期，很多主播的直播间都会做"支援武汉"这样的主题。

主题说明的作用及示范

主题对于一场直播的作用到底在哪里？

首先，它是明确整个直播的基调，有的直播是为了做公益，有的是为了做城市宣传，有的是为了给粉丝感恩大回馈，有的是某一个品牌的新品推广。

其次，不同的主题定义，对于粉丝的吸引点也是不一样的，在开场明确主题，也是为了吸引粉丝持续观看。

最后，不同的主题决定了这场主播的氛围定义，比如，"粉丝感恩大回馈"之类的主题，其直播的氛围就是狂热的，以产品特惠为主；"新品发布会"之类的主题，直播的氛围就比较正式，虽然也兴奋，但是相对就冷静一些，以新品优势说明为主；"公益助农"之类的主题，直播的氛围就会是有爱的、柔软的，是感动的，以"献爱心"为主。

具体的操作上来说，主题说明一般采用"是什么+为什么+怎么做"这样的基本句式。比如，今天晚上的主题是"公益助农"，表述就是：今天晚上的直播主题是"爱心接力、公益助农"，为什么要做这场公益助农的直播？举例说明：前段时间，这个县的商务局联系我们，说他们本地产的橙子，本身质量非常好，往年都是供不应求的情况，但是今年因为疫情的影响，很多经销商取消了订单，导致本地果农辛辛苦苦劳作了一年，现在很多橙子都烂在了地里。那怎么做这个公益助农的专场？举例说明：就是通过今晚的直播活动把果农的优质橙子，以优惠的价格分享给直播间的粉丝们。一方面帮助果农收回一些辛苦付出之后的回报，另一方面也是希望这么好的水果能够让我们的粉丝宝宝们享用到。所以，今天助农这一类的产品，直播间的价格都特别划算，大家千万不要错过。

以上开场白，就是一个典型的"是什么+为什么+怎么做"的句式模型，整个主题快捷而且精准地传达给直播间的观众。而且在直播的时候，建议在主题说明部分，配合照片、视频或者背景音乐等材料，让主题的感觉更突出。

(3) 福利说明

直播间除了产品之外，对粉丝吸引力最强的，其实就是福利，比如说大牌好物几折起，比如说抽奖，或者说开出几次大红包，这样的福利要向大家说明。这里还有一个重点要提醒主播，诸如"秒杀"或者"仅此一次"这类平台的禁用词，是不可以使用的，在后面的课程中会详细介绍。

福利说明的作用及示范

直播开场中的福利说明还有一个作用，就是它能够帮助主播快速提升直播间的人气，很多主播在设置福利的时候，这样设置开场，"现在的直播间已经有200人了，当直播间人数达到300人时，就开始第一波抽奖，在这波抽奖中会抽出5个给大家送出……所以欢迎大家把直播间分享给周围的小伙伴，让更多的人加入进来和你一起开奖"，这样的说明，就是通过一个福利的牵引设定，让直播间里的观众把直播间踊跃地分享出去，通过这样的分享能够快速拉升直播间的人气。

除此之外，直播间福利还是为了"路转粉"，也就是让直播间的观众，关注主播成为粉丝，所以有很多直播也会设定，抽奖的时候，要想中奖必须先是粉丝。

从具体的操作上来说，福利说明部分通常采用的是"福利说明+行动指令"，即说明一个福利，紧跟着在后面说明一个行动指令。比如，"点赞满两万，抽出今天的第一波大奖，所以大家一定要多多点赞哦，用你的手指在屏幕上一直点击就可以了"；再比如"我们的红包还有两分钟就可以抢了，大家还没有点关注的，点击左上角关注主播。只有关注主播，才能参与抢红包哦"。

(4) 产品浏览

粉丝在进入直播间的时候，其实是不知道这个直播间在4个小时的过程中会给大家推荐什么产品。为了让大家有所期待，在直播开始的时候，主播需要把直播推荐的所有产品至少是主体产品给大家做一遍介绍。

产品浏览的作用及示范

此处对产品做介绍不需要太复杂，只是说：各位宝宝，今天晚上会给大家带来什么产品呢？来，第一个是××(然后从镜头面前过一下)。第二个是××，第三个是××……类似于这样的一个浏览方式就可以。目的就是为了让大家搞清楚直播间卖的是什么，让大家有期待，以提高直播间的热度和留存。

具体操作中产品浏览不用过多地对产品做说明和介绍，但是可以对直播间的两类产品做突出呈现，一类是引流品，一类是爆品。引流品向大家强调，这件产品今天在直播间有非常大的优惠，大家一定不要错过；爆品向大家强调，这件产品真的卖得特别爆，每次直播间里推，这个库存都不够卖，大家一定不要错过，手快有，手慢无。需要说明的是，引流品和爆品在所有产品当中，占比不能超过30%，如果每件产品都这么表述，粉丝就没感觉了。

3. 直播开场示范

接下来给大家做一个直播开场示范，比如今天晚上要开一场直播，晚上 8 点钟直播开始，可以这样说：

"Hello，各位宝宝，欢迎大家来到畅友直播间，我是你们的主播中生老师"这是开场自我介绍的主播彰显部分。

"今天晚上是畅友南昌特产福利直播的第五场"这是开场的主题说明。

"在今天晚上的直播当中，会给大家带来很多很多非常棒的产品，而且为了回馈广大的粉丝，我们今天晚上设置了相当多的产品优惠，所以大家千万不要错过，还没有点关注的宝宝们，点左上角的关注成为粉丝啊，关注主播不迷路。除此之外，今天晚上两小时的直播，还会抽出很多的大奖来送给大家。看到现在直播间的点赞已经达到 3000 了，当直播间点赞达到 5000，就抽出第一波大奖。好的。再次欢迎大家，参与抽奖的小伙伴可以在屏幕上打出'中生老师'4 个字，然后点赞到 5000 的时候，会截屏抽出 5 位小伙伴送出这件××奖品。"这段话属于直播开场的福利说明环节。通过福利说明，吸引直播间中的观众关注主播，同时把直播间分享出去。

任务思考

- 直播开场的九字对话模型是什么？
- 直播开场时为什么要做主播彰显？

任务4.1.2　直播开场示例

任务目标

掌握直播开场介绍和欢迎语的常见用法。

内容解析

- 大家好，我是一名新主播，今天第×天直播，谢谢大家支持。(简洁型)
- 大家好，我是一名新主播，还有很多不懂的地方。如果有什么地方做得不够，希望你们多多见谅；如果有喜欢听的歌，可以打在公屏上，会唱的话我就给你唱，不会我就去学，感谢大家的支持。
- 千山万水总是情，我是你们的好朋友，今天给大家带来的是××，帮忙点个关注，感

谢有你。(语气轻快)

- 我是××,青春靓丽,吹拉弹唱样样强,还有一身正能量!感谢大家前来捧场!(配合动作:比如此时高歌一曲,或弹奏一段乐曲。)
- 欢迎来到××直播间,点个关注不迷路,喜欢主播开守护,事不宜迟赶紧行动!(求关注)
- 欢迎××来到宝宝的直播间,喜欢主播的点个关注哦!(简洁型)
- 欢迎××来到我的直播间,他们都是因为我的歌声/舞姿/幽默感留下来的,你也是吗?(传达直播内容)
- 欢迎××进入直播间,咦~这名字有意思/很好听,是有什么故事吗?(解读观众名字)
- 欢迎××进来捧场,看名字应该是老乡/喜欢旅游/玩××游戏的,是吗?(找共同点)
- 欢迎××的到来,我直播间第一次见到这么厉害的账号,前排留影合念"啊"!(抬高对方身份)
- 欢迎××回来,每次上播都能看到你的身影,特别感动,真的。(感动对方)
- 大家晚上好。那个搞笑/多才多艺的主播又回来啦,喜欢我的朋友们请动动你们的小手,点击我的头像点点关注,这样就可以随时随地来看我的直播啦!主播每天在这里等你哦~
- 欢迎××来到我的直播间,相遇即是缘分,这里是××同学,快来和我聊聊!

任务思考

写出最适合你的两三个直播开场介绍和欢迎语。

任务4.2　直播结语训练

任务目标

- 掌握直播结语的九字结构。
- 掌握直播结语的基本模型。

内容解析

直播结语的结构和基本模型,应从三个方面进行掌握。

第一个方面是直播结语的功能定位和它的九字真经。第二个方面我们会介绍直播结语的基本结构。第三个方面，讲解直播结语的基本模型。

首先来看第一个方面，直播结语的功能定位和"九字真经"。直播结语到底有什么作用？直播的结语是直播间最后要说给粉丝的话，也就是说你一天晚上4个小时的直播结束了，直播间的粉丝一直支持着主播的工作，最后要结束时，主播要对直播间里支持自己的粉丝表达什么。

用九字真经来表达，这九字真经是"谢谢你""跟我走""我是谁"。其中：

(1) 谢谢你，指的是要对直播间当中一直守护着主播的粉丝们表示感谢，他们支持主播的直播，并且为直播间烘托出了很好的氛围。

(2) 跟我走，指的是直播要结束了，大家并不是从此就不再互动了，你很希望粉丝可以持续支持你，并且可以进入你的私欲流量，便于你做随时的触达。所以这个时候就要告诉直播间的粉丝，关注你进入你的粉丝团，或者是加入你的粉丝社群。你还要告诉粉丝，你下一场直播的预计时间，邀请他们跟着你进入你的下一场直播。

(3) 我是谁。我们在前面讲过，主播的个人IP对于整个直播间非常重要。建立主播的个人IP，就需要时刻凸显主播的个人人设。直播结语中一定要把主播再次凸显出来。再次向大家介绍我是主播某某某，感谢大家的支持。

这是我们说的直播结语的基本功能定位和它的九字真经。

具体在操作过程中，直播结语的结构包括4个模块，第一个模块叫感恩回馈，即在直播的最后，要对直播间的粉丝表示感谢。这种感谢不能仅是口头上的感谢，只说"感谢各位宝宝今天晚上4个小时对主播的支持，谢谢大家"是不够的，还要对大家有行动上的感谢。比如"为了感谢大家，我们最后再送出一波福利，或者说抽一波奖"。这就是行动上的感谢，让大家最后再狂欢一次。

直播结语的第二个模块叫爆款彰显。什么是爆款？我们称它流量引导。流量引导指的就是我们把直播间内路过的那些公域流量吸引到私域流量池当中，或者吸引到直播间，让它变成这个主播的粉丝。在这个时候可以告诉直播间的所有观众："各位宝宝们，直播快要结束了，还没有点关注的点一点关注，喜欢主播的，持续关注主播哟。大家也可以点击上面的按钮，进入主播的粉丝团和粉丝社群，在社群当中我们会给大家发放更多的福利。"这就是流量引导。

直播结语的第三个模块是直播预告，告诉观众下一场直播开始的时间，欢迎大家按时来到直播间。

需要注意的是，我们在直播预告中通常会设置利益牵引，也就是想让这个粉丝在下一场直播的时候还来直播间。比如很多主播会说："欢迎各位宝宝们持续关注这个主播，我们下一场

直播会在明天晚上的 8:00 准时进行，而且在明天的直播中会有更加优惠的产品给到大家。除此之外，我们还给大家准备了非常丰厚的礼品，给大家抽奖送出去。那明天晚上 8:00 我们不见不散"这就是我们对下场直播的预告。在预告当中又设置了利益牵引，吸引观众们再来。

直播结语的第四个功能模块是主播彰显，它指的是主播是谁，主播能够给大家带来什么，直播间里边有什么需要跟大家二次说明，比如我们在直播的最后会说："感谢各位宝宝的持续关注，我是你们的主播李老师，在我的直播间会给大家带来更多优惠的产品和更多丰富的礼物哟。感谢大家对主播 4 个小时的支持，谢谢大家。今天晚上的直播就到这里，拜拜"，这就是直播结语的第 4 个模块了。

最后我们把直播结语的 4 个模块连起来，给大家做一个呈现："感谢各位宝宝今天晚上 4 个小时对主播的支持，谢谢大家。为了感谢大家，我们最后再送出一波福利，让大家最后再狂欢一下。大家也可以点击上面的按钮，加入主播的粉丝团和粉丝交流群，在粉丝群中我们会给大家发放更多的福利，欢迎各位宝宝们持续关注，我们下一场直播会在明天晚上的 8:00 准时进行，而且在明天的直播中会有非常优惠的产品给到大家。除此之外，我们还给大家准备了非常丰厚的礼品，给大家抽奖送出去。那明天晚上 8:00 我们不见不散。我是你们的主播李老师，再次感谢大家对主播 4 个小时的支持，今天晚上的直播就到这里了，大家晚安，拜拜。"

任务思考

- 直播结语的九字结构是什么？请列出。
- 直播结语的4个功能模块是什么？请列出。

任务4.3 直播产品推荐训练

任务目标

- 掌握直播带货产品推荐的7个步骤。
- 掌握产品介绍的常用方法和技巧。

内容解析

直播带货的目的就是带货，那如何才能够把货带好？直播过程当中对于产品的推荐就至关重要了。

一、直播产品推荐的7个步骤

直播产品推荐的整个过程可分为 7 个步骤，分别是产品展示、观念植入、买点介绍、体验推进、价格说明、引导下单和故事种草。做直播产品推荐，这 7 个步骤缺一不可。

1. 产品展示

什么叫产品展示？很简单，就是带出一件产品的时候，需要第一时间在镜头面前把这件产品展示给直播间中的粉丝，让粉丝知道接下来将要跟大家推荐的产品，引发直播间的粉丝注意。

举一个产品展示的方法及案例。

比如在网红主播直播时，有下一款商品即将上架，都会听到激情澎湃的一段话：直播间的宝宝们，现在正是换季的时候，有一些皮肤敏感需要温和补水的女生们听好了，接下来上架的这款面膜就非常适合你们哦！大家往这里看，包装非常精致的一款防过敏面膜。

这就是产品展示的环节，不做太多的产品说明，只是说出产品的名字，并且在镜头面前展示产品。至于产品怎么好，后面再说。

2. 观念植入

做完这一步骤，接着进入到第二个环节，即做观念植入。那什么是观念植入？很多主播在带货的时候，一上来就很直白地说这个产品有多好，你快点买吧，给人留下"王婆卖瓜自卖自夸"的嫌疑。在当下这种社会环境中，粉丝们早已不认可这种行为了。应该怎样做？主播需要在介绍产品买点之前，让粉丝对于产品、对于主播就产生直接的信任。这也是一个认可这种行为挖掘痛点的环节。怎么做？其实这时候，就需要主播站在利他的角度去说一个观点。

再举一个观念植入的方法及示范例子。

比如要卖一双鞋子，在介绍这双鞋子之前，先跟粉丝这么说：春天马上就要到了，相信很多宝宝们这时候都在考虑着出去旅游踏青了。跋山涉水，你一定需要一双好鞋子，而且这双鞋子它一定要防滑耐磨，如果不防滑不耐磨的话，就会有安全隐患。

或者还是拿同样的面膜商品举例：现在马上到换季的时候，是不是有很多粉丝朋友们有季节性皮肤过敏的困扰，会起痘或者皮肤容易受刺激泛红，不知道怎么选择护肤品，如果有这种情况的粉丝，可以在弹幕中扣 1。

上面所说的这段话就是一个观念植入，并没有介绍自己的产品有多好，只是告诉粉丝，马上到了踏青旅游的时节，买鞋子一定要注意防滑耐磨，或者马上就要换季了，主播已经提前替你想到过敏的问题，定出了一个对他有利的标准，挖掘出这个阶段他的痛点。

3. 买点介绍

观念植入完成之后，接下来们进入到产品推荐的第三个环节，就是买点介绍。大家要注意，这里说的是买点介绍而不是卖点介绍，主要是因为原来的导购更多的是从销售的角度来说"这件产品有多好"，而现在，在直播间当中你是一个为粉丝考虑的主播，所以需要站在粉丝的角度说明这件产品"和粉丝有多匹配"。

所以这个时候产品就不再叫卖点了，而是叫买点。也就是消费者为什么要买？每一件产品都有自己不同的买点，可以按以下原则做好买点挖掘。

首先，是买点的收集，也就是收集关于产品的所有买点信息，这里需要主播提前充分了解产品。

以一款美妆产品来举例，针对这款产品就要搜集它的各种素材，可以在淘宝的详情页上，也可以去同类型的产品详情页上找到相关的产品信息。

这里所讲的基础信息包括诸如材质、类型、优缺点、规格、参数、价格，但凡跟这个产品相关的信息，都可以去收集。

收集基础信息之后，接下来还要找到和其他产品相比较突出的一些优点，比如它获得过什么奖项，平时使用它的一些生活小技巧。如果这个产品在市场上有假货，可以找到它的真假商品对比，总结出辨别真假的一些方式方法，以便有人问的时候，可以流利地回答，当然还可以收集使用和维护方面的一些技巧，这些都是我们可以出发寻找信息的方向和内容。

这类的信息建议去知乎、小红书等平台上搜索。

掌握买点介绍的方法，然后在直播间开始买点介绍的时候才能做到侃侃而谈。

比如要介绍一款榨汁机，可能会首先从它的技术特点开始引入，让观众在第一时间对商品留下标签印象：今天给大家带来的××品牌榨汁机，具有五大技术声源降噪、两步完成自动清洁、六大菜单以及 0.4~1.2L 的自由选择容量。

如果只介绍技术特点就显得太单调了，还需要通过技术特点引出商品卖点："这款榨汁机真的超级静音，而且它的清洁步骤非常简单，还能满足宝宝们家庭料理的多种需求，常见的增肌减脂餐、宝宝的辅食料理餐都能轻松搞定。"

想要呈现好这一部分是非常需要专业知识的，所以需要主播下大功夫去准备。

4. 体验推进

买点介绍完之后，就进入到产品推荐的第 4 个环节了，也就是体验推进。那什么是体验推进？在直播的整个过程中，粉丝始终隔着屏幕在听主播讲，在看主播说。所以他对于产品的体验非常不足，不像在线下购买，它可以直接进行试吃、试穿或者试用。

为弥补这个方面的缺失，需要在产品推荐的过程中，能够通过自己的体验，让粉丝有一种亲临现场的感觉。如何能够塑造这种感觉？需要主播尽可能在体验的过程当中把自己的主观感受描述出来，让粉丝产生共鸣，运用场景化的描述凸显商品的特点。

体验推进的方法及示范

比如说要介绍一款电动按摩眼霜，可以说：按这个开关一次，就开动了，连续按两下，就进入了加热模式。哇，也就是几秒钟的时间，这个按摩头已经到一个暖暖的、很舒服的温度了；而且闻起来还有一股淡淡的植物清香，一点都不甜腻；放在眼睛周围，手上不用使劲，这个按摩头会自动顺着皮肤的纹理运动，真的好舒服；眼睛同时也感觉清清爽爽的，一天的疲劳就都消失了。这就是体验推进，让消费者有身临其境的感觉。这一部分内容，还会在后面成交转化的课程当中进一步说明。

5. 价格说明

做完这个环节之后，接下来就进入非常重要的"价格说明"的环节了。

那价格说明指的是什么？在直播间带货的过程当中，粉丝的消费其实可以称作是感性消费。在感性消费的过程当中，价格是一个非常重要的因素。表述好价格，就能够让消费者不过多地考虑就能直接下单。

价格说明的方法及示范

关于"三重心理冲击"的价格说明方法。

做个对比：比如说要卖一款电动按摩眼霜，一种说法是"这款电动按摩眼霜的原价是 399 元，今天直播间惊爆价 199 元，宝宝们赶快下单吧！"

你看这样的表述就是简单的一重心理冲击，那什么是三重？我们可以这么说："各位宝宝们，这款电动按摩眼霜今天带给大家什么价格？他在官方旗舰店的售价是 399 元，今天在咱们直播间只需要 299 元，299 元，您可以立省 100 元。除此之外，只要您购买电动按摩眼霜，我们就送你这样一个替换装，25 克，和原装的容量一样，真的是很划算啊；除此之外，还再送你一瓶补水精华。"

以上的这个说明就是一个三重的价格心理冲击。需要说明的是，表述的时候，语调语速也很重要，大家可以反复读一下上面的表述，看语音重点在哪里。

通过这种表述宣导优惠力度，并且加以说明是直播间特惠价格的时候，就会制造出一种稀缺性的感觉，同时也降低了粉丝的决策成本。

6. 下单引导

在直播间带货的过程当中，要让消费者跟着直播间的节奏，一步一步最终下单，就需要去除消费者下单路上的一切障碍。比如有的消费者在下单的时候，不知道怎样点击操作，这个时候就需要在直播间里进行说明。除此之外，下单引导，还能促使一些原本犹豫不决的消费者，跟着你的动作一步一步完成下单动作。相当于粉丝下单前的临门一脚。

下单引导的方法及示范：我们可以这么说："各位宝宝们打开三号链接，然后往下滑动，在详情页这里领一个100元的代金券，然后点击购买就可以了，赠送的25克替换装和补水精华，会随着快递一并发货给您。"这就是一个下单引导。

7. 故事"种草"

下单引导完成之后，就进入到产品推荐的最后一个环节，也就是故事"种草"。为什么要做故事"种草"？进入具体的场景，当你做完下单引导之后，就会有很多粉丝已经去后台下单了。

故事"种草"的方法及示范

这个时候主播不能去推荐下一件产品，因为一推荐可能很多原本要去下单的粉丝都回来听产品介绍，也不能完全沉默。因为如果直播间冷场了，对于整个氛围是非常不好的。这个时候就需要闲聊几句，有目的性地闲聊，就是把这个闲聊内容与产品挂钩，这个时候就需要讲一些与产品相关的案例、故事、段子、新闻等。消费者后台下单的时候，直播间的氛围仍可以维持较好的状态。

总结：直播产品推荐分为产品展示、观念植入、买点介绍、体验推进、价格说明、引导下单和故事种草这7步。

产品展示需要第一时间在镜头前把产品展示给直播间的粉丝，引发注意。

观念植入需要在介绍产品买点之前，挖掘粉丝的痛点，创建一个需求场景，让粉丝对于产品、对于主播产生一个信任基础。

买点介绍需要充分挖掘买点信息，充分了解产品后，才能在粉丝面前展现销售顾问的专业性。

体验推进需要尽可能让粉丝产生共鸣，这时需要更场景化的描述去凸显商品特点。

价格说明需要通过宣导优惠的力度，制造出一种稀缺性，降低粉丝们的决策成本。

下单引导需要促使一些原本犹豫不决的消费者，跟着你的动作一步一步完成下单动作。相当于粉丝下单前的临门一脚。

故事种草就是让粉丝在下单的阶段,通过一些聊产品周边的方式,让直播间氛围可以维持较好的状态。

主播在销售过程中,除了要把产品很好地展示给顾客以外,还要掌握一些销售技巧和互动交流技巧,这样才能更好地进行商品推销,提高主播自身的带货能力,从而让主播的商业价值增值。

每一个顾客的消费心理和消费关注点都不一样,面对合适、有需求的商品,仍然会因为各种细节因素,导致最后没有下单。

面对这种情况,主播就需要借助一定的销售技巧和话语来突破顾客最后的心理防线,促使其下单。本节将介绍几种销售的说话技巧,帮助主播提升带货能力,创造产品的高销量和高成交额。

二、"介绍"式直播

主播在直播时,可以用一些生动形象、有画面感的话语来介绍服装,达到劝说消费者购买产品的目的。下面是介绍法的3种操作方式。

1. 直接介绍法

直接介绍法是主播直接向顾客介绍、讲述产品的优势和特色,从而达到劝说消费者购买的一种办法。这种推销方法的优势是非常节约时间,直接让顾客了解产品的优势,省略不必要的询问过程。

例如,一款材质非常轻薄贴身、适合夏季穿着的衣服,直接介绍服装的优点,亮出产品优势,或者在直播间标明购买服装有优惠券,以此吸引顾客购买。

2. 间接介绍法

间接介绍法是采取向顾客介绍和产品关系密切的其他事物来间接介绍产品。例如,如果主播想向观众介绍服装的质量,不会直接说质量好,而是采用介绍服装的做工、面料来表明服装的质量过硬,值得购买,这就是间接介绍法。

3. 逻辑介绍法

逻辑介绍法是主播采取逻辑推理的方式,达到说服顾客购买产品的一种沟通推销方法。这也是线下销售中常用的推销手段。

主播在进行推销时,可以向顾客说:"用几次奶茶钱就可以买到一件漂亮的服装,你肯定会喜欢",这就是一种较为典型的逻辑介绍,表现为有理有据、顺理成章、说服力很强。

三、"强调"式直播

强调法就是不断地向顾客强调产品有多好,多么适合粉丝,购买多么划算,意思就是"重要的话说三遍"。

当主播想大力推荐一款产品时,就可以不断地强调这款产品的特点,以此来营造一种热烈的氛围。在这种氛围下,粉丝很容易被感染,会主动下单。主播在带货时可以反复强调此次直播间产品的优惠力度,例如,福利价五折、超值优惠、购买即送赠品等。

四、"示范"式直播

示范法也称为示范推销法,就是要求主播把要推销的产品展示给顾客,从而激起顾客的购买欲望。

由于直播销售的局限性,多数顾客无法亲自体验产品,这时候主播就可以代替消费者对产品进行体验。对于粉丝来说,由于主播相对更加了解产品的类型和款式,由主播代替自己来体验产品,粉丝也会更加放心。下面介绍示范法的操作方法,具体内容如下。

1. 灵活展示自己的产品

示范推销法是日常生活中常见的产品销售方法,其中涉及的方法和内容较复杂。不管是商品陈列摆放、当场演示,还是模特试用、试穿、试吃等,都可以称之为示范推销法。

示范推销法的目的是让消费者亲身感受产品优势,通过把商品优势尽可能地展示出来,吸引顾客的兴趣。现在的电商直播都会选择这种方式对产品细节、产品效果进行展示。

比如,美食主播展示特色美食的直播间内会摆放世界各地的特色美食,各种味道鲜美的食物无疑会让屏幕前的观众羡慕不已,口水直流,从而产生购买的欲望。

2. 善于演示和讲解产品

对带货主播来说,善于演示和讲解产品是非常有必要的。直播这种线上销售方式,无法做到顾客亲自使用和体验产品。这时,主播就可以在直播过程中,替顾客使用产品,通过镜头展现产品的使用效果。

五、"限时"式直播

限时法是直接告诉消费者现在正在进行某项优惠活动,这个活动什么时候截止,在活动期间顾客能够得到什么好处。同时也提醒消费者,在活动结束后再想购买,就要花费多余的预算开支了。

常见的话术，如"亲，这款服装正在做优惠活动，今天就是最后一天了，明天价格就会回到原价，和现在的价位相比足足贵了好几百！如果你想购买该产品的话，请尽快下单哦。"机不可失，时不再来！主播在直播间向顾客、粉丝做推荐时，就可以积极运用这种手法，给顾客制造紧迫感，也可以通过在直播界面显示文字来提醒顾客。

通过这种推销方法，让顾客产生一种错过这次活动，之后再买就吃亏的想法，给顾客造成一种心理紧迫感。

任务思考

- 直播产品推荐的7个步骤是什么？
- 直播产品介绍的4种方式是什么？

任务4.4　直播粉丝互动训练

任务目标

- 掌握直播间氛围互动的六种方法。
- 掌握直播间粉丝互动的基本原则。

内容解析

一、互动直播氛围设计

直播间的爆款是如何产生的？直播带的货，为什么粉丝会购买？原因大概可以分为以下三种：

第一种是我很喜欢这个主播，不管他卖什么，只要我承担得起，就买，这是出于对主播的偏好和信任。

第二种是对这个产品有需求，而且在直播间购买更优惠，所以就买了，这是出于自身需求和产品价格优势。

第三种是对产品的需求没那么强，对主播的信任度也没那么高，但是在直播间看到很多人都在互动、都在购买，就也下单了，这是出于受到直播间氛围烘托后产生的从众心理。如果直播间氛围特别好，粉丝特别踊跃地刷屏、点赞，甚至是刷礼物，直播间的整体热度就会提升，从而也会提升转化率。而这种热度，不管在抖音、淘宝还是微信视频号，都会被作为评判一个

直播间好不好的标准。如果好，就可能会被官方推荐上热门排行榜；如果不好，就会出现不停"掉粉"的场面，主播声嘶力竭地推荐产品，直播间的粉丝还是无动于衷，气氛尴尬。

二、调动直播氛围的6种方法

调动直播间氛围的常用方法有6种，其中四种是在直播前使用，两种则是在直播中使用。

1. 直播前

第一，利用短视频为直播间引流。在直播开始之前，可以拍摄相关视频，预告直播爆点消息，吸引大众视线，塑造直播氛围。比如，拍摄一些蹭热点的短视频，或者一些有趣的能为你引流的视频，让人们先记住你是谁及在什么时间开直播。这种操作方法，能够很好地帮助主播从公域中引流到自己直播间。

第二，利用抽奖为直播间预热。也就是利用价值感比较高的产品，比如数码产品、美妆产品等，让用户关注并按时进入直播间参与抽奖。

第三，利用产品为直播间预热。这种方法比较简单，就是赤裸裸地利用直播间销售的产品、价格、数量、优惠力度等，吸引大众眼光，提升直播间氛围。比如说产品的性价比特别高，或者说产品是限量款等。

第四，利用话题为直播间预热。话题，尤其是热点话题，对于大众是有很强的吸引力的。比如，疫情肆虐的时候，以"抗疫"为主题的直播更能让人关注；秋季丰收的时候，以"助农"为主题的直播更能让人关注。再比如，作为一个东北人，如果看到一个"东北人的家常菜"这样主题的直播，会不自觉地进行关注；作为一个中国人，看到"国货专场"，可能会更热情地关注。

这四个提升直播间流量和氛围的方法因为涉及直播运营，需要直播运营团队在直播前开展工作。

2. 直播中

第一，直播过程中的抽奖互动。抽奖，是直播过程中主播最常用的提升直播氛围的互动形式。抽奖这种操作，并不是单纯地靠奖品吸引人，更多的人们对于中奖的期待，及所有人都参与所营造的紧张感。所以，拉高这种期待，塑造这种紧张感，就变成了很重要的操作技巧。如何拉高期待？2018—2019年"歌手"综艺节目在每一期结束前公布选手名次的场景，真的是让观众紧张又充满期待的画面。其实这个技巧很简单，用一句老话来说，就是"吊胃口"，抽奖前强调奖品价值，抽奖时做好情绪铺垫，抽奖后塑造仪式感。这样就会让抽奖活动获得最大的投入产出比。

具体做法是主播在抽奖前公布奖金金额，抽完奖马上公布中奖名单，塑造仪式感，最大限度地调动大家互动的积极性。

第二，直播过程中，主播吸引到的粉丝，其实很乐于看到带货之外的主播展示。唱歌，跳舞，演奏乐器，谈生活，都可以在一定程度上提升直播间氛围。

互动的形式有很多种，目的就是为了吸引粉丝的注意，使粉丝更长时间停留在直播间，并且积极参与互动，最后能够成单。

以上，就是推动直播间上热门，在直播间做氛围互动的6种常见操作方法。

三、氛围互动的操作方法和注意事项

接下来介绍上面所说的氛围互动的6种方法，在使用时有哪些操作上的方法和注意事项。

首先，再次强调视频、抽奖、产品、话题这四个方法，都是在直播开始之前进行的，也是一场直播的氛围基础。假设要在三天后开一场直播，首先要考虑的，就是这场直播在主题设定上，能否结合公众和粉丝感兴趣的一些话题来进行，如果能够结合，就以此为主题，制作并发布短视频，利用短视频带动大众参与进来。第二件要考虑的，是要直播的产品当中，有没有符合"刚需、低价、高频"三个特征的商品，刚需指的是每个人都需要；低价指的是零花钱就能买，而且低于市场价；高频指的是每个人日常都会替换。比如牙膏，就符合这三个特征。先把这样的产品拿出来，吸引大众参与。

接下来就是抽奖了，直播间观众的注意力，每15~20分钟就会出现一次转移，所以理想状况下，每隔15分钟，就应该有一次对氛围的刺激。前面讲到的话题、爆款产品可以作为对氛围的刺激，如果不够多，没有办法填充满几个小时的直播，就要加入抽奖等刺激方法了。

这里最后才考虑使用抽奖的方式，因为抽奖是利益吸引，比较好用，更因为抽奖涉及直播预算，所以放在第三步进行规划。以上三个方面，在直播前设计好之后，就可以选择其中的亮点，去做直播预告的视频，这个视频，甚至可以考虑付费推广。

抽奖和个人展示。也就是直播过程中的氛围互动方法。上面讲过，抽奖涉及直播预算，所以是直播前需要提前设计的。在抽奖实施的时候，需要"吊胃口"，也就是"前期塑价值，中期做铺垫，后期仪式感"。比如说，在直播间安排一个抽奖，抽中5个人，送出价值198元的保温杯。前期塑价值，指的是这个198元保温杯，一定要在前期挖掘出它的2~3个买点，让粉丝听完感觉，这个杯子的价值确实是198元，甚至是超过198元。很多主播在抽奖的时候不注重这点，导致有人抽到了奖却感觉"奖品而已，没啥好的"。中期做铺垫，指的是有的抽奖操

作,为了节省时间,会一次性抽出 5 个,其实从调动氛围的角度来说,可以采用"2+2+1"的节奏去抽,也就是先抽出两个,然后公布中奖名单后,马上再抽出两个,然后公布前四个中奖名单,最后,抽出一个。这样能最大程度地调动观众的参与热情。后期仪式感,指的是中奖名单的公布一定要郑重其事,而不是简单地念一遍,比如公布完一个名字后,请中奖人员在直播间里打声招呼。有的大奖,甚至可以在直播间现场连麦,和中奖粉丝进行现场语音互动。最后是展示,展示对主播个人有一定的技能要求,比如唱歌、跳舞等,如果不具备,也不强求,它一般是作为直播间氛围互动的附加手段。

最后,要说明的是,所有的氛围互动,都需要在直播开始前提前设计。编制脚本的时候,需要在脚本中明确。但是,这并不意味着氛围互动必须按照脚本严丝合缝地进行,需要主播们根据直播间氛围情况临场应变。总之,设计带来信心,变化带来弹性。

四、直播粉丝互动设计

整体来说,不管是氛围互动还是粉丝互动,都是为了直播带货的最终效果。但是,氛围互动,更注重通过营造氛围,激发直播间观众的情绪;而粉丝互动,则更注重通过引导,甚至是直接的干涉,来促成直播间观众的行动。这同样也是平台评判直播间热度的硬性指标。

平时常听到的"没有点关注的宝宝点击左上方给主播点关注",这就是促成"关注"行动的粉丝互动的一种方式。

"各位宝宝点击直播间的分享按钮,把直播间分享到朋友圈或者群里,让更多朋友可以购买到咱们直播间的好产品,也能享受到直播间的好福利。"这是促成"分享"行动的粉丝互动的一种方式。

还有"宝宝们点击三号链接,在详情页领取一张 100 元的优惠券,然后购买数量这里选择 2,就可以享受咱们的买两件直减 100 的活动了。"这是促成"下单"行动的粉丝互动的一种方式。

那粉丝互动具体有哪些操作的原则和方法?面对粉丝的提问,又该如何互动和应对?接下来,就从这两个方面来讲解。

1. 设计粉丝互动的第一个原则:要有行动指令

粉丝互动是为了带来观众的某个行动。所以,设计粉丝互动的第一个原则,就是一定要有行动指令。缺失"行动指令"的粉丝互动,是起不到什么效果的。比如"点击左上角给主播点点关注""点击分享按钮把直播间分享给你的朋友""点击购买数量,选择两件,直接购买"等都是行动指令。而指令的设计，大概有四个方面，第一个关注主播成为粉丝；第二个是分享直播间给好友；第三个是点击购买；第四个是加入粉丝团。这些行动指令，每一个都能给直播间带来收益，可能是流量的收益，可能是业绩的收益，也可能是长期客户的收益。

2. 设计粉丝互动的第二个原则：重复引导

设计粉丝互动的第二个原则，是重复重复再重复。所有的粉丝互动，没有哪个是只说一遍就可以的。为什么？因为行动指令需要重复才能见效。所以，行动指令的话术，可以背诵下来，在直播过程当中遇到机会就说一遍，重复多了，就会带来意想不到的效果。

以上就是关于直播间氛围互动和直播间粉丝互动的全部内容。做个简单总结：直播氛围的提升和促进，共有 6 种常见的设计，分别是视频预告、抽奖预告、产品预告、话题预告、抽奖实施、主播展示。这些需要在直播开始前就提前设计好，也需要在直播过程中临场应变。

直播粉丝互动，设计的时候有两个基本原则，分别是要有行动指令和重复引导。

任务思考

- 直播间氛围互动的六种方法是什么？
- 直播间开展粉丝互动的两个基本原则是什么？

任务4.5　直播带货常用技巧

任务4.5.1　新手主播互动技巧

任务目标

掌握新手主播常用互动技巧。

内容解析

除了笑容，新手主播也要考虑更丰富的表情和动作，比如适当的剪刀手卖萌，手比爱心的温馨，吐舌头的调皮。介绍产品中途也可以唱唱歌，增加一些灵动的小手势和表情，让消费者觉得你直播投入，借此增添很多个人魅力。不要小看这些细节，这些细节让粉丝们受到了感官刺激，不仅感受到主播的积极与热情，更容易对主播产生好感，从而更有意愿购买主播推荐的产品。

多积累专业知识是脱口而出的源泉。直播间的主播如果有专业的知识,就很容易说服消费者。如果缺少专业知识,就去学,前期也可以做成文档或者提字板,直播时适当引入。虽然有时会略显生硬,但也不失为一种办法。

更好的办法,则是平时多积累知识在脑海里,直播时可以背下来,至少不会那么生硬,再搭配一些当前的热门话题,相信你的直播间一定不会枯燥。

多谈自己的感受,把握话题的进度。可以多聊自己生活的一些趣事,拉近和粉丝的心理距离。比如,最近去哪里逛街和旅游了,最近刷淘宝的时候又看上了哪款产品等。

在介绍自己产品的时候也应当尽量多谈谈自己亲身的感受,毕竟消费者进入直播间看你直播就是来看你展示产品的,但是不少主播会忽略自己的感受。其实这是最能提供转化的一个点,希望大家都重视。另外尽量用专业的术语说出来,这样更有说服力。

"自说自话"是新主播必须掌握的强大技能。初做主播时直播间里的人少,也没有铁粉,自己要学会把直播间搞热闹,自说自话的内容可以是:

(1) 热情介绍自己的产品,热情地和进入直播间的每个人打招呼,学会看名字识人。

(2) 评论你今天看到了什么,做了什么。

(3) 谈谈社会上的新闻或热点,但最好不要涉及时政类的内容。

(4) 播放一首好听的背景音乐。

(5) 同时要紧盯着手机屏幕上的发言,热情及时地回复,能给直播间的所有人留下很好的印象。

通过以上这些方法,初期进入直播间的观众可能就是你最初的粉丝,他们有可能会陪伴你渡过最难熬的新人阶段。

另外,主播需要对自己的优劣势扬长避短。如果一个主播长得漂亮并且会穿搭,这是长处,不善于介绍产品,这是短处,建议从长处入手,展示穿搭,然后慢慢摸索出消费者的需求点,有针对性地去讲解。比如胖的人怕穿了显胖,就可以找显瘦款式的衣服推荐给他;推荐个子矮的人选露脚踝的裤子,短款上衣+高腰的裤子搭配,穿出效果给消费者看,消费者自然就信服。不善于介绍产品也可以去大主播的直播间跟着学,做笔记,慢慢练。

除了以上几点,主播还应该巧用消费者的猎奇心态。人都是有求知欲的,尤其是女性对于一些有话题性的、新鲜产品都会有很浓厚的好奇心。可以准备福袋、新品等,在直播开场时就告诉粉丝,直播中每隔一段时间就有福利和新品,吸引粉丝的注意力。就像现在的抖音,很多视频都把结局放在开头,然后引入另一个故事,从而吸引一波又一波的粉丝们。主播在日常的开播中,制作脚本时要做好对话题的引导,勾起粉丝的好奇心,但是不要让他们觉得你在作秀。

这个时候你的直播间会变成他们的目标,急切地等着你的开播。

> **任务思考**

从本节内容中,找到适合自己的直播技巧,并列出来。

任务4.5.2 直播间常见互动方式

> **任务目标**

掌握直播间8个常见互动方式。

> **内容解析**

一、欢迎式

理论上每一个进入直播间的人主播都要欢迎一下,最基础的抖音直播欢迎语是:"欢迎××××进入直播间",但是这种说法太机械化,主播需要做出改变。比如:

(1) 解读观众的账号名称:欢迎××进入直播间,咦~这名字有意思/很好听,是有什么故事吗?

(2) 寻找共同话题:欢迎××进来捧场,我最近喜欢上一首歌,不知道你们听过没有?

(3) 借机传达直播内容:欢迎××进入直播间,今天要给大家介绍的是××的技巧,感兴趣的宝宝记得点个"关注"。

二、宣传式

要想让更多的粉丝熟悉了解主播,还需要一定的宣传语。比如:

(1) 宣传直播时间:非常感谢所有还停留在我直播间的朋友们,我每天的直播时间是××点~××点,没点关注的记得点关注,点了关注后记得每天准时来看哦。

(2) 宣传直播内容:我是×××,今天来给大家分享几个美妆的小技巧,学会了你也可以是美妆达人。记得关注我,带你解锁更多简单易上手的美妆技巧。

三、互动式

在直播过程中,通过主播与观众实时的互动,让观众感知到贴心服务,用户诉求可以较快得到回应；主播也能够很快地得知观众的反馈。通常主播可以通过以下的方式进行互动：

1. 发问式互动

比如："刚刚给大家分享的小技巧大家学会了吗""你们能听到我的声音吗""这款口红大家以前用过吗"等等这样的问题。这类发问式互动方式，答案只能是肯定或者是否定，观众打1个或2个字就能发言，主播也能快速得到粉丝的答案，不至于在等待答复时冷场。

2. 选择式互动

"想听《×××》的刷1，想听《×××》的刷2""选左手这一套衣服的刷1，右手这一套的刷2"等选择式互动，就是给观众抛一个选择题，答案可以随意选，反馈很快，能够迅速让观众参与到直播互动中。

3. 节奏式互动

"觉得主播跳得好看/唱得好听的刷波666""刷波520让我感受一下你们的热情"等这类互动方式，就是要观众发言，让新进来的游客看到直播间很活跃，游客们会好奇为什么那么多人刷"666"，主播到底表演了什么。这就是带节奏。

四、带货式

合理运用带货式直播交流，可以无形中拉近主播与消费者之间的距离，建立信任感，方便消费者进行购买决策，拉动产品销售，实现带货变现。

(1) 展示型。主播在进行直播带货时，展示产品的质量和使用感受，能够让粉丝最直观地看到效果。产品展现得好，粉丝下单的概率也会更高。某主播在进行口红试色时，对每只口红的颜色，都能进行一个细致的表达，比如"给人很温柔、很春天、很新奇的感觉的颜色"，让人听着就不自觉心动。

(2) 信任型。直播带货的缺点就是粉丝接触不到产品，只能通过主播的描述来熟悉产品。因此，主播需要让粉丝对产品建立一定的信任感，以促成粉丝下单。通常，主播会用"自用款""我也买了××"来为产品做担保，又或者"××，我只推荐这一个品牌，其他品牌给我再好的条件也不推"这一类话语来衬托产品，打消观众对产品的顾虑。

(3) 专业型。在推荐产品时，主播要能够从专业的角度出发，针对一个产品以及同类其他产品做讲解，并指导粉丝根据自己的情况选择产品。比如服装类带货直播，主播可以通过对某件服装的专业搭配，以及服装质量的专业讲解吸引粉丝下单购买。

五、活动式

低价才是粉丝们追随的主要动力,直播的优惠活动是促使粉丝在直播间购买产品的最直接因素。大打折扣的商品意味着粉丝更加死心塌地地追随,有了粉丝的信任,销量才能节节攀升。网红主播经常在直播间中强调"低价""买就送""优惠套餐""我们直播间比免税店还便宜"等刺激粉丝们下单。

六、催单式

"怕失去""怕错过"的优先级,远远高于"这个东西到底对我有多大用""这个东西到底划算不划算"这类的理性思考。所以,饥饿营销屡试不爽,就是源于这个原因。催单的关键是要调动用户"抢"的心态。比如"抢购""过时不候""数量有限"等,都是在唤醒人们大脑中抢先占有的本能反应。

七、引导式

一场直播下来,引导粉丝关注可以快速提高主播人气。比如主播可以每隔几分钟就重复一次"喜欢我可以多多关注我们的直播间",通过这样的方法引导粉丝关注。再如"来了先分享,再来抽大奖",只要分享直播间而且关注过的人就能有机会抽到奖。

八、感谢式

不管是要给你送礼物的观众,还是默默观看你直播的观众,每一个陪你直播的人都是忠实观众。因此,主播在开播时,可以用感谢类的话语表达对观众的感谢,这不仅能延续观众的不舍之情,也是给自己做一个简单的总结。比如"感谢你们来观看我的直播,谢谢你们的礼物,陪伴是最长情的告白,你们的爱意我收到了",这里主播就从真实情况出发,抒发自己真实的感情。

以上这些主播间互动方式,不仅可以帮助主播吸引大量的观众,还能帮助主播快速实现流量变现。

任务思考

列出适合自己的欢迎式、宣传式、互动式、带货式、活动式、催单式、引导式、感谢式的互动交流话语。

🔔 任务4.5.3 直播间30分钟带货示例

📋 任务目标

掌握直播带货 30 分钟时间单元的互动设计。

📋 内容解析

一场直播，是由一个个时间单元组成的。做好每一个时间单元，就做好了正常直播，本节以 30 分钟时间单元为例，说明一个时间单元的直播互动设计方法。

30 分钟直播带货流程：销售需要一个完整的互动剧本，关键是三步：说服、催单和下单。直播带货的整个过程是一个说服的销售过程。30 分钟直播带货流程可以参考：

- 0~5分钟聚人
- 5~7分钟留客
- 7~12分钟锁客
- 12~16分钟举证
- 16~22分钟说服
- 22~27分钟促单
- 27~30分钟下单

一、聚人

此阶段的主要目的是吸引眼球，不讲具体产品而是卖关子，以引起用户好奇心，此阶段要做好两件事情。

(1) 各种欢迎互动，拉近与用户的距离。

(2) 介绍产品的产地、历史、口碑、销售数据等。比如，今天这款产品已经畅销了十几年，是每个家庭都具备的产品。

二、留客

这阶段要宣布促销利好政策，包括抽奖、抽红包、送限量礼品、大幅让利或折扣，限时优惠等，并号召观众互动刷屏，以让大家在直播间停留更长的时间。

三、锁客

1. 说

提前规划好产品使用场景，直播过程中以提问的方式与用户互动，而不是把说明书的功能都说一遍，让用户说出产品的使用痛点。主播口头阐述产品的卖点、使用感受及与其他渠道对比的价格优势等，让用户感觉"用得上，可以买"。当需要谈价格优势，展示打折力度大的时候，小助理会拿出计算器；当谈到产品与某公众人物的同款时，小助理会拿出准备好的大幅人物照片。

2. 做

现场试用产品，分享使用体验与效果，验证产品功能。双管齐下，激发用户的使用需求和购买欲望。比如，当说到洁面乳泡沫丰富的时候，挤出洁面乳当场打泡泡，然后在打出的泡泡上放一枚硬币，表明泡泡不塌；或者当说到粉饼防水的时候，在粉饼上滴一滴水，水珠不会渗入粉饼，甚至把粉饼放到水里，粉饼都不会散掉。

四、说服

前面都是铺垫。这一环节要从产品的功效、价位、成分、包装设计、促销力度和现场使用结果等与竞品对比，进一步说服用户做出购买的选择。

五、促单

(1) 先吊足用户的胃口，然后正式宣布价格，让用户感觉"物超所值"。

(2) 再次强调促销政策，包括限时折扣、前多少名下单送等价礼品、现金返还、随机免单、抽奖免单等促销活动，让用户热情高涨，促使用户集中下单。比如：现在直播间有 5000 人，我们今天就送前 600 名等价礼品，倒数 5 个数，开始……(这才有狂欢的气氛)。直播间卖货需要购物气氛，以后直播带货是娱乐化直播，不同于日常购物。直播带货要让用户有狂欢的感觉，给用户可预期的惊喜。这里有一个准则，用户买到的东西，要超出他的心理预期。

六、下单

不断提醒用户产品的即时销量，营造出畅销局面，可以用重复功能、价格优势、促销力度等方法达到这一效果。反复用倒计时的方式，促使用户马上下单。主播站在直播间，就是一个剧本，要对委托方、产品和用户负责，让用户跟着直播买东西，产生复购。所有的产品都是骨架,骨架没有血液和肌肉。主播要做的就是用说辞构建场景,把产品的优势、卖点变成一个个具体的场景,来满足用户所有美好的想象,用一切美好吸引用户。

七、关注下单流程

在大多数直播间,主播都会不厌其烦地讲解下单流程:先领优惠券,然后下单……同时小助理会用手机或平板展示:在哪里领优惠券(如图4-1所示),下单的界面是怎样的……不厌其烦地讲解演示,作用有两个:一是引导客户下单行动,二是排除下单过程中客户不熟悉操作的隐患。

图4-1

引导下单行动,是当客户对产品没有太大抗拒的时候,有经验的销售会适时地做一个动作,起到"推一把"的作用,促使客户完成最后购买的动作。在直播间,主播下单流程的讲述,也起到了这个作用。很多客户都是在主播充满磁性的声音中,点商品链接、点优惠券、点立即购买、填数量、点确认……

排除下单操作中的障碍，是站在客户的角度，防止某些客户不熟悉网购操作。当面对上百万人，一晚上可能上千万甚至数千万的销售额的时候，即使只有 1%的人不熟悉操作而下单失败，带来的损失都是数十万。

任务思考

直播带货 30 分钟时间单元包含了哪些环节？请简要说明。

项目5　直播成交技巧训练

任务5.1　消费引导的观念植入技巧

📑 任务目标

掌握直播过程中的语言表达和观念引导技巧。

📑 内容解析

一、增强主播的表达能力

语言表达能力是主播与粉丝互动交流必备的社交能力。本节主要从肢体动作、幽默技巧、学会赞美、把握分寸尺度等6个方面讲述增强主播表达能力的方法，以帮助主播更好地与粉丝交流沟通。

二、配合肢体动作

主播在直播时，不能只顾着讲，还要配合一定的肢体动作，这样呈现给观众的表达效果会更加传神。为什么很多演员被观众指责没有演技？很大一部分原因就是这些演员在演戏时，很少有肢体动作，整个过程像是在背台词，更有甚者连表情配合都没有，这样的作品观众当然不满意。

所以主播在与受众沟通交流的过程中，要锻炼自己的肢体语言表达能力。

肢体语言表达能力的运用在演讲活动中最为普遍，那些成功的演讲之所以能够鼓舞人心、让人心潮澎湃、激动不已，是因为演讲者在整个演讲的过程中运用了大量的肢体动作，使得演讲内容更加生动形象。

在介绍产品的过程中，配合相应的肢体动作也能够更好地激发受众的购买欲望，而且这些独特的肢体动作使得直播内容非常具有个人特色，帮助其快速树立独特的个人形象。

三、掌握幽默技巧

在直播这个行业中，虽然高颜值是吸引受众的先天优势，但是要想在直播的道路上走得更远，光靠颜值是远远不够的。颜值并不是决定主播发展的唯一因素，如果你没有高颜值，那么就让自己成为一个幽默的人。拥有幽默口才的人会让人觉得很风趣，还能体现其内涵和修养。所以，一个专业主播的养成也必然少不了幽默技巧。

既然"幽默"如此重要，那么该如何提升呢？

其实，幽默并不是与生俱来的，而是可以通过不断练习获得的。这里有三个提升幽默感的技巧，希望可以帮到你。

1. 自嘲

首先，第一种方法，也是最简单的一种方法，就是自嘲。自嘲，顾名思义，就是自我嘲笑，其实也是自我接纳的一种表现，能认识到自己的弱点，并且幽默地把它说出来。

2. 直接承认

有句谚语叫"房间里的大象"，意思就是指那些显而易见地存在，却一直被忽略、甚至被否定的事实或者感受。

面对"房间里的大象"，不妨"直接承认"。比如，有一次，某主持人采访一名女大夫，他了解到这个女大夫有近 200 万的微博粉丝。就问："那么多医生写微博，为什么就你红了呢？"女大夫说："大家都说我长得像您。"她的这句话其实是巧妙地抬高主持人，该主持人接着回答说："那应该大红才对。"

这就是典型的"直接承认"，当你在面临突如其来的吹捧、挖苦或讽刺时，不说话或转移话题都会有点尴尬的，你必须把话接下去。所以，不妨先承认，然后顺着对方的话说。

3. 逻辑置换

意思是变换句子的原意，以达到化解尴尬的效果。

在小品《吃面》里有这么一段对话，甲说："海参炒面，海参呢？"乙说："我叫海参，面是我炒的。"

这其实就是把自己的问题，变成对方的问题。例子中的乙并没有对"海参炒面"中没有海参做出正面回答，而是说自己叫"海参"，将这个问题巧妙处理了。

在直播中，很多主播想方设法地表现幽默感来吸引人气。不过值得注意的是，高雅的幽默不仅能塑造出良好形象，且能使人快速获得别人的好感。但是低级趣味、搞怪恶整的幽默，缺乏艺术和智慧，反而会让粉丝疏远你。

四、学会赞美粉丝

主播在与粉丝互动交流的时候，一定要学会赞美粉丝的优点和长处，粉丝受到主播的赞美和表扬之后，会有一种被认同感和自豪感，从而对主播更加喜爱和信任。对于增进彼此之间的感情和关系，起到很大的推进作用。

赞美看似简单，但真诚和善且打动人心的赞美却并不简单。如何赞美会更打动粉丝？我们可以从以下两个方面入手。

1. 赞美"外表"

在主播直播间，最容易观察到的莫过于粉丝的昵称、头像、字体、表情包等"外表"。从这几个点出发，主播会比较容易找到值得赞美的部分。尤其是头像和昵称，常常能反映一个人的审美和价值观，也是粉丝会引以为豪的特点。

2. 称赞"行为"

主播可以称赞粉丝在直播间的行为，比如"礼貌""热情""有素养""守时""绅士风度"等。只要观察到粉丝真正付出了努力的行为，都可以信手拈来予以赞美。相比之下，有些主播只是赞美粉丝打赏和点赞的行为，就显得眼界过于狭窄、过于功利了。

五、多为他人着想

当粉丝表达个人建议时，主播需要站在对方的角度，换位思考，这样更容易了解并回馈粉丝的感受。主播可以通过学习来提升自己的思想以及阅历。体会粉丝想法的前提是主播需要心思细腻，主播可以细致地观察直播互动时粉丝的态度，并且思考总结，用心去感受粉丝的想法。同时为他人着想也是一种尊重别人的表现，主播只有站在粉丝的角度去思考问题，才能真正了解粉丝的需求和痛点，也才能更好地为粉丝服务。

六、保持谦虚礼貌

主播在面对粉丝的夸奖以及批评时，都需要保持谦虚礼貌的态度，即使是热门的主播也需

要保持谦虚。谦虚低调会让主播获得更多粉丝的喜爱，让主播的直播生涯更加顺畅，并且获得更多的"路人缘"。

例如，斗鱼某知名主播，因其独特幽默的解说风格被粉丝亲切地称为"老师"，尽管他在圈内的地位非常高，影响力非常大，直播事业也非常成功，但是却为人低调，这也是他受人尊敬的一大原因。

七、把握分寸尺度

在直播聊天的过程中，主播要注意把握好尺度，懂得适可而止。例如，在开玩笑的时候，注意不要过分，曾有许多主播因为玩笑过度而遭到封杀。因此，懂得适可而止在直播中也非常重要。

还有一些主播为了吸引流量，故意蹭一些热度，例如，为引起用户的热议，发表一些负能量的话题，增加自身的热度，结果反而遭到群众的指责，最后被封杀和禁播。

如果在直播中不小心说错话，造成了不好的影响，应该及时向粉丝道歉。例如，曾有某主播在与某影星进行直播时开了不合适的玩笑，事后在微博上向粉丝以及该影星道歉，希望挽回自己的形象。

任务思考

在直播过程中，主播如何呈现更易获取粉丝信任？

任务5.2　商品展示的情景化呈现技巧

任务目标

掌握直播过程中产品展示的情景化呈现技巧。

内容解析

以粉丝为核心的直播带货，最重要的就是要千方百计提升客户体验。所以，了解体验营销在直播带货中的应用，是每个主播都应该具备的基本意识。

体验式营销，通俗来说，就是通过看、听、用、参与等手段，让消费者能够充分调动自己的感官、情感、思考、联想、行动等感性和理性因素，从而对品牌提供的场景、产品或者服务能够投入其中，感受到其利益点和优势的一种营销方式。

在体验式营销中，客户参与、体验需求、品牌个性、体验活动主题，一般是必不可少的，在体验式营销的活动中，都是紧紧围绕着消费者在消费过程中的体验这一核心来进行。通过产品、服务和场景的实际体验，满足消费者的物质需求和情感需求，并借助直接的互动和交流，获知消费者的评价、反馈和即时购买行为。

体验营销使得消费者从单向的被动的产品信息接收者，成为了能够主动了解产品和品牌，进行双向互动的角色，从而让消费者在理性和感性的消费需求上得到最大化的尊重。在体验式营销当中，常见的形式有知觉体验、情感体验、思维体验、行为体验等，随着时代发展和营销方式的不断创新，当下的体验式营销中又多了娱乐营销、美学营销、文化营销等新型的体验模式。

在直播带货的过程当中，主播隔着屏幕向消费者表述自己的产品。这个销售过程中缺失了一个非常重要的环节，就是消费者没有办法对产品进行亲身的体验，这就需要通过主播体验来弥补这种缺憾。接下来介绍主播体验如何推动转化成交。

首先是视觉。主播在推荐产品的过程中，需要把产品清晰明确地呈现在消费者眼前。什么叫清晰明确？有的主播在带货的时候不拆产品的外包装，其实这就是没做到"清晰明确"地呈现。消费者体验产品需要看到实实在在的产品本身，而不是外包装盒。举个例子，如果给消费者推荐冻干咖啡粉，建议不仅要让消费者看到外包装的罐子，还需要拆开罐子，让消费者看到里面粉末状的物体，甚至还要冲下咖啡粉，让消费者看到他们最终喝到的咖啡是什么样的。

第二是听觉。这里的听觉不是指观众听到主播说了什么话，而是观众听到这个产品本身可能会发出的声音。比如说主播在推荐薯片时，主播在吃的时候嘴巴里就会发出咔嚓咔嚓的声音，这个声音本身对消费者就是一种影响。

第三是嗅觉。隔着屏幕嗅觉如何传递？这就需要主播把自己鼻子闻到的气味，用语言描述给消费者听，以营造场景感。比如说对某品牌的香水，可以说"是大自然的清香，非常适合夏天，穿着白纱裙，在海边漫步的女生，非常干净的那种感觉，像下过小雨的森林里的味道"这样富有场景化的描述，即使粉丝闻不到味道，也可以想象到香水带给人的感觉。

第四是味觉。味觉跟嗅觉一样，需要主播体验后用语言描述。比如："这个螺蛳粉，真的是闻着臭吃着香，它这个酸、辣、鲜的味道太上头了"。

第五是触觉。主播通过触摸产品或者试穿等方式，将产品的触觉用口播和镜头语言展现给消费者，给他们一种货物就在眼前的感觉。比如说"这个牛仔裤的水洗工艺，是国内知名的牛仔水洗厂来的，摸起来非常柔软；面料是国外进口，弹性足够。穿着它蹲下时，裤腰不会往下滑。而且只要不是连着穿它七八天，膝盖那里是不会鼓包的"，用自己的真实体验来让消费者

有一种自己也穿上了这件衣服的感觉。

第六是感觉。主播可以表达自己的感觉或情绪是什么,以感染消费者。比如,主播可以说"这款眼影真的是太让人喜欢了,这个配色也特别的日常,很适合上班族,它不会特别突兀,而且你看上面的雕花颜值非常高",这就是一个感觉的表达。

以上说的都是通过主播体验推动转化成交的具体操作,重点是主播要让观众有自己在现场买东西的感觉。

任务思考

直播带货过程中,如何呈现产品让顾客能有身临其境的感觉?请任选一件产品,写出介绍话语。

任务5.3 价格说明的比例偏见引导技巧

任务目标

- 了解比例偏见的心理效应。
- 掌握直播过程中比例偏见的应用方法。
- 掌握直播过程中价格问题引导说明技巧。

内容解析

什么是比例偏见?比例偏见是指在很多场合,本来应该考虑数值本身的变化,但是人们更加倾向于考虑比例或者倍率的变化,也就是说人们对比例的感知,比对数值本身的感知更加敏感。举个例子,你从超市购物出来,凭小票可以抽奖,有两个箱子,一个箱子里面放着 20 个乒乓球,其中有 1 个乒乓球有奖,另外一个箱子里放着 200 个乒乓球,其中有 10 个乒乓球里有奖,你会选择从哪个箱子里抽奖?大多数人都会选择大一点的箱子里,因为这其中有 10 个乒乓球都有奖。但其实这种选择并不理智,因为 1/20 和 10/200,中奖的概率是一样的。

消费者先天迷恋大数字。所以在直播带货的过程当中,我们可以应用这样的技巧,把"购买这件产品,即送补水套装"改为"购买这件产品,即送精华水一瓶,再送乳液一瓶,再送一片补水面膜"。

再举个"比例偏见"的例子,体会一下:在做促销活动时,活动规则设为"购物满 199 元即送价值 88 元精美水杯一个"就不如表述为"购物满 199 元,即可 1 元购买价值 88 元的水杯一个"。

第一种说法,"得到一个水杯"是和"购物满199元"做对比的。而第二个说法,"得到一个水杯"是和"1元购"做对比的,显然第二种说法会让人觉得更划算。

总结:比例偏见的应用,我们可以概括为以下三点:

(1) 放大促销价值:小金额采用打折的方式,让消费者有更多的优惠感;而价格高的商品,可以用立减的方式让消费者感到优惠。

(2) 巧设参照对象:用换购的方式,让消费者在心理上把注意力放在价钱变化比例很大的小商品上,这样会产生很划算的感觉。

(3) 善用搭配销售:把廉价的配件搭配在一个比较贵的产品上一起卖,大比例提高产品性能,会更容易让消费者感受到价值感。

任务思考

在直播带货的产品价格设定中如何应用比例偏见,能让消费者感觉得到了实惠?请举例说明。

任务5.4　促单销售的心理账户促进技巧

任务5.4.1　直播间常见追单促单技巧

任务目标

掌握直播间常见促单技巧。

内容解析

- 各位宝宝,直播间人数较多,下单后抓紧时间付款,以付款成功为准,没付款的宝宝抓紧时间了。
- 数量有限,看中的要及时下单,机会难得,我们的货品即将售罄,且买且珍惜!
- 这次货品折扣仅限本次活动进行时间,错过了,我们就无法再给您这个价格了,敬请谅解!聪明的宝宝们,你们不会不懂的!
- 挣钱不容易,省一分是一分,分分都是钱呐!

- 感谢参与本次直播的所有粉丝，还没有联系我们客服的宝宝们，请尽快联系哦。活动已经告一段落，感谢大家的参与。喜欢我们产品的宝宝们，可以持续关注我们的直播间，以后再有类似活动我们会第一时间通知大家。
- 喜欢的宝宝若有顾虑，联系客服留下您的联系方式，下播后我会第一时间联系你。
- 宝宝们，我们直播只剩20分钟了，有看中的赶紧下手。
- 宝宝们，看中款式就赶紧下手，错过就没了。
- 买到就是赚到，销售单品数量有限。
- 先付先得，最后两分钟！
- 今天的直播马上结束啦，大家最喜欢的就是我们纯棉罗纹的产品，越洗越软哦！
- 有没有看我们的直播，只有这个时间才能买到我们的特惠商品哦，如果您在忙，我可以发给您看一下图片哦。
- 这样吧，亲，虽然您没有看到我们的直播，但是看您非常喜欢我们的产品，那么主播送您一张优惠券。
- 刚才××款是本次直播的爆款，您也可以试试啊。
- 还有最后三分钟，没有购买到的亲赶紧下单哦。
- 感谢您的认可，这款产品确实很受客户喜欢，这次优惠太难得了，一定抓住机会啊！
- 这款衣服是纯棉的，面料也非常柔软，对孩子的皮肤不会产生任何刺激，请放心购买。
- 这次活动的力度真的很大，您可以再加一套，很划算，错过真的很可惜。这个产品仅剩最后两件。
- 您是本次活动的第一百位购物者，您可以再加一件就可以再享受特价优惠。
- 活动马上结束了，大家抓紧了。
- 螺纹面料一年中春、秋、冬季都可以给宝宝穿，面料柔软，100%纯棉，版型舒适赶快去抢。
- 我们的食品没有添加任何防腐剂，特别健康、安全，请放心购买。
- 亲，你在直播里看中的那款衣服目前库存不多了，喜欢就赶紧下单哦。
- 亲，直播里的衣服过了今天就都恢复单款3件拿货了，现在还可以单件拿哦，要的话抓紧下单哟！
- 亲，有喜欢的款式赶紧下单哦，这几款库存量都不多了。
- 亲，喜欢的话可以直接下单哦，宝贝数量有限，喜欢要趁早哦，越早下订单，宝贝就能越早到达您的手中。

- 亲，已经下单的产品赶紧付款哦，不然订单超时会被自动取消。
- 活动马上要结束了，我拉您进直播间。
- 最后十分钟，买到就是赚到！千万别错过！
- 刚错过的亲，现在下单还来得及啊！特为你们开了一个末班车，下手要快，错过真没了。
- 刚才那位宝宝喜欢这款，爱它就赶紧把它带回家。
- 最后三分钟错过就要再等一年，赶紧下手，抢到就是赚到。
- 不怕你买多，就怕你错过。所以最后再发一次，看中就赶紧下单。
- 这个就只有独一无二的一件，匹配独一无二的你，赶紧带它回家！
- 距离活动结束只有5分钟啦，抓紧买下它，还犹豫什么！
- 买到赚到，买到美到，买到开心到，买到幸福到！
- 最后五分钟，看中赶紧下单哦，错过了，就不会再有啦。
- 这款只有最后一件啦，价格美丽，喜欢的抓紧下单哦。
- 数量有限，先到先得。赶紧下单了。
- 各位宝宝们，机会不是天天有，该出手时就出手，请大家看中抓紧下单哈！
- 直播时间马上就要结束了，你喜欢的那件我帮你包起来吧！
- 看中的赶紧下手，错过双十一就原价了。
- 线上人很多，手慢无货哦，以付款为准。
- 抓紧了，抓紧了，最后一件，喜欢的就带回家吧。
- 数量有限，先到先得哦。
- 这个真的超值，我们都是亏本赚人气的。
- 这么漂亮的耳环，免费送给您的，预定从速！
- ××珠宝在全国各地都是有实体店的，力度真的很大！
- 各位宝宝，活动虽然结束了，但看上款式的宝宝依然可以继续下单哦！没抢到的宝宝请谅解哦。
- 这款产品连续5年都是销量非常棒的，这次超低价回馈给我们的客户，买到就是赚到哦。

任务思考

从直播间常见促单技巧中选择8~10条，进行练习。

任务5.4.2 五大类粉丝提问的应对解答技巧

任务目标

- 掌握直播间应对粉丝提问的基本模型。
- 掌握直播间应对粉丝提问的五种技巧。

内容解析

观众在直播间里主动发起和主播的沟通,是很常见的事情。比如,主播介绍一件产品,在说明完价格后,有粉丝评论:"这价格有点贵啊!"这时候主播该如何应对?

权当看不见?不行。这样会导致粉丝的不满,而且不满的情绪会传染,毕竟有那么多人看着。回答"这价格一点都不贵"也不合适,这句话演变下去就变成针尖对麦芒了,同样会让粉丝不满。那主播该如何应对?接下来,我们选取直播间最常见的五类问题,告诉大家具体的应对方法。

(1) 第一类问题,价格类问题。

粉丝评论:这件衣服有点贵啊。

主播可以这样回答:这位粉丝说的很对,这件衣服的价格确实不便宜;但是我们买衣服,一方面要考虑性价比,另一方面不也得考虑它的质量嘛,如果买一件质量差的衣服,可能花钱少了,买回去穿不了几天,算起来岂不是更不划算?各位宝宝,你们说对吧;这件衣服,是××品牌的,采用的是80%桑蚕丝的材料,不仅质量好,穿起来也特别舒服。

总之,应对此问题的说辞是"你说的对,但是有另一个标准,用这个标准判断你应该买"。需要注意的是,中间的这个"另一个标准",需要站在消费者的角度来设定。

(2) 第二类问题,否定类问题。

粉丝评论:这个颜色好土啊。

主播可以这样回答:这位宝宝说的对,这个颜色第一眼看上去确实有点不够时尚;但是有很多宝宝专门来找这件衣服,为什么?因为它真的是百搭;所以你还没有这种颜色的话,建议你一定要入手一件。

应对此问题的说辞也是"你说的对,但是有另一个标准,用这个标准判断你应该买"。

(3) 第三类问题,疑问类问题。

粉丝评论:这个质量有保障吗?

主播可以这样回答：这位宝宝问的问题特别好，大家在买衣服的时候，都会担心衣服买回家会不会出现质量问题，我自己也是，所以买之前都会反复核对；但是，今天大家在直播间购买的所有产品，全部都是七天无理由退换的；如果买回家对质量不满意，随时寄回来，我们全额退款。

应对此问题的说辞是"你的疑问应该有，我们有具体的解决方案，你可以放心购买"。

以上三个问题说完，先来做个总结。粉丝提问的应对话术，其实有一个万能的处理公式，只有三个字，就是"顺转推"。顺，就是顺着粉丝的话说，先让粉丝知道你和他是同一立场，或者让粉丝知道她的担心是有道理的；然后再转，给到一个判断标准或者解决方案；最后再推，阐述对方应该行动的理由。明白这个万能公式后，我们再来看最后两类常见问题。

(4) 第四类问题，拖延类问题。

粉丝评论：快"五一"了，等等再买。

主播可以这样应对：这位宝宝的考虑是有道理的，一般品牌方"五一"都会有大的优惠活动，等"五一"再买能够省点钱；但是，这一次还真不一定哦，因为我们这次选品的时候，品牌方给到的优惠力度真的已经很大了，今天的产品卖这么爆，"五一"这个货都不一定还有库存。

对照一下，这是不是上面所说的"顺转推"的方式？

(5) 第五类问题，对比类问题。

粉丝评论：这衣服××品牌也有。

主播可以这样应对：这位宝宝说的这个××品牌，我也听说过，他家有些东西还是很不错的；不过，××品牌和我们品牌其实在定位方面还是有挺大差别的，我们品牌的主体定位是××，今天这件衣服就是这种类型，她的优点是××。

这是不是也是属于"顺转推"的方式？

其实，不管遇到粉丝提问什么问题，记住一点就可以了，不要和粉丝产生情绪上的对抗，先处理情绪，再回应事实。这样既能够让粉丝满意，也能够在事实层面快速解决问题。

任务思考

粉丝留言：这个东西看起来好笨重啊。主播该如何应对？

🔔 任务5.4.3 向大咖学习直播成交技巧

📌 任务目标

- 掌握"高效成交"的直播互动技巧。
- 掌握头部主播直播过程中的成交技巧。

📌 内容解析

在直播过程中,主播如果能够掌握一定的互动技巧,会获得更好的带货、变现效果。虽然直播中有许多销售技巧,但并不像平时销售中那么名词化。头部主播高效成交的技巧有哪些?

1. 打消顾虑

(1) 比如某头部女主播在推荐产品时,经常会分享家人、工作人员使用过的一些经历,这样可以提升用户的信任度,从而建立信任感;还会在直播间展示自己的淘宝购买订单,证明某款产品是"自用款",且为重复购买的产品。这些看似不经意的动作,其实都"暗藏心机"——以此打消观众对产品的顾虑。

(2) 一定要在你的直播间现场试用产品,分享使用体验与效果,验证产品的功效,这样才有足够的说服力,证明你在用,你觉得很好,才能让你的粉丝信服你,买你的产品。同时还要描述出产品的使用需求和购买需求,双管齐下,激发用户的购买欲望。

2. 价格尖叫

顾名思义就是,价格上要有一定的优惠,我们在购物时经常会看到这些现象:某商品零售价为29元,实际却仅售19元;商家经常划掉原标价,然后再写一个优惠价;实体小商铺喜欢开一个高价等我们还价。

注:消费者其实并不真的是为商品的成本付费,而是为商品的价值感而付费。

参考促单技巧:

天猫旗舰店的价格是99.9元一瓶,我们今天晚上,买2瓶直接减99.9,相当于第1瓶99.9,第2瓶不要钱(直播低价),我再送你们一瓶精华版,这1瓶也要卖89(超值福利,买到就是赚到)。

注:制造稀缺感,其实也是销售促单的一种常用手法。

3. 抢完了,限量加库存

不知道大家发现没有,在头部主播的直播间,都会在一款产品限时限量限优惠价格之后,在直播间直呼"没了,抢完了,还可以加库存吗"等声音。

其实这也是一种直播带货技巧。一开始限制上架产品的数量,紧接着再进行补货,通过这样的方式不仅可以控制直播间的销售节奏,也可以给观众营造出紧张、刺激的抢购氛围。

以下是头部主播常用的 19 个直播带货技巧。

(1) 基本上每天直播,直播时长为 4~8 个小时不等。直播间商品为全品类,包括美妆、家居、零食等各方面的产品。时间长,品类多,因此覆盖的受众人群也更广泛。

(2) 亲切称呼自己的粉丝,用这样的方式和粉丝建立起一种亲密关系,无形中提升了粉丝的好感度和忠诚度。

(3) 每场直播开头都是抽奖活动,奖品一般不低于一百元,都是比较热门的产品。简单、直接又稳定的开场容易增进好感,奖品的配置又给人一种不可错过的感觉。

(4) 开场节奏很紧密,先预告整场直播的货品,详细介绍其中受关注度较高的产品,告知观众具体的上架时间段,方便一些不能一直坚守在直播间的粉丝购买。

(5) 声音比较低沉,听起来不刺耳、很舒服。助理的声调相比之下稍高,会补充产品信息、回复粉丝问题、为观众演示领券或下单方式。

(6) 直播间热闹但不吵闹,团队配合默契。需要什么产品,马上就会有人拿出来,观众问什么问题,也立刻会收到回复。基本没有等待的时间,观众也不会感觉无聊和冷场。

(7) 主播和助理一般会穿着近期售卖的产品,包括饰品、衣服、鞋子。在展示其他产品时,自然展示。助理也会告诉观众,主播身上穿的衣服在什么时间给出链接。

(8) 在推荐产品时,讲一些家人、工作人员使用过的经历,以此打消观众对产品的顾虑。

(9) 在直播间展示自己的淘宝购买订单,证明某款产品是"自用款",且为重复购买的产品。

(10) 碰到自己特别喜欢的产品,主播和助理会和粉丝一同抢购,抢不到也会十分懊恼。直播间中经常会刷不同的"关键词评论"。直播中会将活动时间、品牌名称展示出来,既可以让观众了解正在卖的产品,也可以让新进直播间的观众快速参与进来。

(11) 在宣传一款产品的时候,经常提到"这又是一个我们工作人员都想抢的热门商品"。用这样的方式更容易让观众信服,也会引发从众心理。

(12) 限制上架产品的数量。在一款产品卖空后,主播会不停地问工作人员:"不能加吗?可以再沟通一下吗?"紧接着再进行补货。通过这样的方式不仅可以控制直播间的销售节奏,也可以给观众营造出紧张刺激的抢购氛围。

(13) 针对不同人群推荐相应产品。比如,在推广零食的时候,每种口味主播都会打开试吃,还会针对喜好不同的人群推荐不同的种类:"不能吃辣的人就不要买这个了,可以买另一种咖喱口味"。再比如,在卖一款化妆品冰箱时,主播说:"再好的护肤品,没有冰箱来保存,产品里的活性成分也会流失"。以此暗示使用高档化妆品的观众购买。

(14) 直播间的最大特点就是"送送送"。除了上面提到的直播开始时抽奖,每隔一段时间,通过不定期抽奖,吸引粉丝长时间驻留直播间。

(15) 经常邀请有直播经验的明星做客直播间,不仅可以增加自己的话题,也可以丰富直播间的内容。

(16) 直播时,背后的大屏幕会放映所讲解产品的图片或视频,增进用户对产品的理解。

(17) 推荐产品的逻辑通常是,产品自身优点+全网超低价+赠品,如果购买数量多,再送赠品。用一轮轮惊喜轰炸的方式,让用户产生一种"不买可能真的要吃亏了"的心理,这样用户就很难"抵御诱惑"。

(18) 及时关注粉丝的反馈。比如,直播中粉丝提到同样一款产品之前的购买价格更高,该主播立刻追问工作人员,确认后对粉丝说:"会退差价,请大家放心"。

(19) 不断重复强调直播间的价格优势。主播会一直强调,"不用想,直接拍,只有我们这里有这样的价格,往后只会越来越贵"。

任务思考

- 主播分享式带货,会给粉丝带来什么感受?请体会说明。
- 在19个带货技巧中,请列出你觉得对自身实用度最高的5个。

项目6　主播镜头呈现训练

任务6.1　主播个人呈现的基本原则

任务目标

- 掌握提升主播个人表现力的基本原则和方法。
- 了解流行语的概念和应用,提升主播语言网感。

内容解析

主播的个人表现力直接影响其带货的效果。因此,主播提高个人表现力就十分有必要。主播要学习与粉丝进行交流的技巧,在直播中展现自己的亲和力和热情,这些都能够提高主播的个人表现力。主播具备了超强的个人表现力,能够有效地吸引粉丝的目光,使粉丝对自己更有好感,从而愿意购买自己推销的产品。

一、学会沟通是主播的基本功

在直播带货的过程中,主播需要时刻与粉丝进行沟通,这就要求主播必须掌握与粉丝沟通的技巧。主播的感染力越强,就越能够感染粉丝的情绪。

二、用幽默化解尴尬

主播在直播中难免会出现小失误,有些粉丝也可能会询问一些不合时宜的问题,这些都可能使直播陷入尴尬的境况。如果主播不能解决直播过程中出现的这些小意外,让尴尬氛围持续下去,就会导致部分粉丝流失。因此,当直播的过程中出现意外情况时,主播需要及时且巧妙地化解尴尬，重新营造直播间的活跃气氛。

幽默的语言能够很好地化解尴尬。例如，某主播说普通话时带有当地口音，在一次直播中，这位主播为粉丝介绍完产品后，一位粉丝评论道："主播还是先把普通话练好吧，这样讲话听着真别扭。"一句话使直播间的气氛瞬间降了下来。但是，该主播并没有因为这位粉丝的话而生气，他笑笑说："之前有人问我，身为主播怎么连普通话都说不好？其实，我是怕我普通话说得太标准，把你们迷倒。"主播的这一番话令粉丝忍俊不禁，也巧妙地化解了尴尬，直播间的气氛很快就再次活跃起来了。

上述案例中，主播通过幽默的回复化解了直播间的尴尬，使直播得以顺利进行，而这种幽默的语言也是其他主播需要学习的。主播在直播过程中适时地使用幽默的语言能够使直播间的气氛更加轻松愉悦，这种轻松愉悦的气氛会让粉丝感觉很舒服。

在淘宝直播中有一位主播，被人称为"戏精主播"。这位主播不仅颜值高，而且直播风格十分风趣幽默，吸引了大量的粉丝，每场直播都能够取得十分不错的销售额。因此，风趣幽默的风格是主播吸引粉丝关注、提高直播间销售额的有力武器。

由于粉丝群体的广泛性，其性格和知识水平存在差异，主播在直播过程中难免会遇到一些棘手的问题，这时主播就可以运用幽默的语言巧妙地化解尴尬。幽默的语言不仅能化解尴尬，还能表现主播的智慧，使主播以自己的人格魅力吸引更多粉丝。

三、表现真实，语言通俗接地气

在直播时，为了让更多的粉丝能够清楚产品的优势，主播的表现一定要真实，语言一定要通俗接地气，让更多的粉丝理解自己的表达。

在介绍产品时，主播需要通过生动形象的表现感染粉丝，激发粉丝的购物热情，同时也要真实地向粉丝展现自己使用产品的感受，不能过分夸大产品的特点或功效。如果主播表演的成分太多，就会让粉丝产生质疑，不利于产品的销售。只有主播的表现真实，才会赢得粉丝的信任，收获粉丝的好感，从而实现产品的销售。

在语言表达方面，主播也应时刻记住自己的目的，即将产品推销给粉丝。为了达到这个目的，主播需要用通俗易懂的语言介绍产品，使更多粉丝能够听懂自己的介绍。

有些主播为了展示自己的专业性，总会用生涩难懂的词汇介绍产品。粉丝听不懂主播的介绍，难以判断自己是否需要主播推销的产品，自然也不会购买主播推销的产品。

例如，有一位主播在向粉丝推荐一款香水时是这样介绍的："这款香水的香精浓度高达20%，主调是柑橘、檀香和雪松，混合成一种非常清新的木质香。"这位主播介绍了许久，香水的销量依旧不高。大部分原因就在于这位主播的介绍虽然很专业，但许多粉丝都无法听懂他的介绍，自然也不会下单。

另一位主播在推销这款香水时，则是这样介绍的："这款香水是用天然香精调制而成的，安全不刺激，留香时间约为4小时，香水的味道像是夏天雨后森林的味道"。主播只用了简简单单的几句话进行介绍，粉丝却纷纷下单。因为这位主播将"香精含量"转换为粉丝更能够理解的"留香时间"，又把香水的味道形容为"夏天雨后森林的味道"，更容易让粉丝产生想象。

对于主播而言，只有了解粉丝的需求，并能够通过平实的语言激发粉丝的购物欲望，才是真正的专业能力体现。而主播在直播时表现真实、语言通俗易懂，也更容易拉近与粉丝的距离。粉丝更加信任主播，主播也能够提升直播间的销售额。

四、引入流行语，吸引年轻粉丝

当前，年轻人已经成为直播购物的主力军。因此，主播吸引年轻粉丝的关注就变得十分重要。主播需要深入了解年轻粉丝的生活，和他们"打成一片"，才能够更容易获得他们的认可，吸引他们观看自己的直播。

在直播中引入当下火热的流行语是吸引年轻粉丝的有效方法。但是，主播在使用流行语时，主要有以下几点注意事项。

1. 经常更新流行语

主播使用流行语是希望借此缩短与年轻粉丝之间的距离，吸引年轻粉丝观看自己的直播，但流行语更新换代的速度非常快，新的流行语出现后，旧的流行语可能就失去了对年轻粉丝的吸引力。所以，主播需要经常更新自己使用的流行语，确保自己使用的是最新的流行语，通过流行语持续吸引年轻粉丝观看自己的直播。

2. 了解流行语的含义

主播在使用流行语前要充分了解流行语的含义，错误地使用流行语会引起年轻粉丝的反感。例如，许多年轻粉丝在网络上发表自己的意见时会使用"宁"这个字，一些主播在了解到"宁"是"您"的意思后就迫不及待地将这个字用在了自己的直播中，却导致大量年轻粉丝流失。

其实只要主播稍加了解，就会发现"宁"字虽然代表"您"字，但年轻粉丝都是在沟通中与另一方意见不合时才会使用"宁"这个字。如果主播使用不当，就会让粉丝觉得主播是在讽刺自己的观点，从而取关主播。为了避免产生误会而导致年轻粉丝流失，主播在使用流行语前

必须要了解流行语的真实含义。

3. 不使用有争议的流行语

在使用流行语时,主播应注意不要使用有争议的流行语。例如,"集美"一词代表"姐妹"的意思,很多年轻粉丝喜欢用这个词称呼网友,但同时也有一些年轻粉丝很反感这个词。为了吸引更多年轻粉丝,主播应避免使用这种有争议的流行语,而使用正能量的流行语。

4. 把握使用流行语的时机

流行语的使用并非越多越好,主播要把握使用的时机。在直播的过程中,适时地使用流行语能够激活直播间的气氛,赢得年轻粉丝的好感,而在不恰当的时机使用流行语则会降低年轻粉丝对主播的好感。

在使用流行语时,主播需要把握以上注意事项,准确地使用正向的流行语,以更好地拉近自己与年轻粉丝的距离。

5. 有效沟通:明确自己的表达和对方的想法

主播在与粉丝沟通时,一定要让对方知道自己在表达什么,同时也要了解对方在说什么。保证与粉丝的有效沟通是十分重要的,主播需要注意以下几个方面。

首先,在与粉丝沟通的过程中,主播要明确自己的表达。在直播带货的过程中,主播需要介绍清楚产品的优势和卖点。在开展各种活动时,也需要讲明活动的规则。为了确保粉丝能够清楚地了解这些内容,主播可以不时地询问粉丝是否存在疑惑。如果粉丝提出了问题,就需要针对问题进行详细的回答。

其次,主播要倾听粉丝的想法,站在粉丝的角度思考粉丝的表述体现了哪些需求。在明确需求后,主播才能够有针对性地与粉丝继续沟通。如果主播不了解粉丝的需求,就容易讲错话,引起粉丝的反感,导致粉丝流失。

最后,许多主播会因为直播间的人数太多而不重视粉丝的想法。这时候主播就要多提问,让粉丝提出问题、表达自己的想法。这样主播才能够了解粉丝的需求,进而实现有效沟通。

6. 亲和力是拉近主播与粉丝距离的保障

主播的亲和力是指主播与观众交流过程中所散发出来的人格魅力。有亲和力的主播,能促使观众和主播凝聚,产生和谐的交流意境,使得主播更富有人缘的魅力。在展现自身亲和力方面,主播可以从甜美的微笑、温暖的话语、诚挚的关爱、谦和的姿态和豁达的气度等方面入手。

7. 从共同话题入手

从共同话题入手与粉丝展开讨论，能够展现主播的亲和力，拉近与粉丝的距离。在这方面，主播可以为直播设计一些话题。例如，主播在介绍服装时，可以与粉丝聊聊服装的搭配问题，也可以讨论适合搭配服装的妆容。

主播可以从以下几个方面入手，寻找能够引起粉丝共鸣的话题。

第一，可以从一些小细节入手寻找话题。在直播带货的过程中，主播会对产品进行详细介绍，讲解一些关于产品的小知识，而观看直播的粉丝都是对产品存在需求的，他们对产品十分有兴趣。主播与粉丝对产品的兴趣是一致的，在介绍完产品后，主播可以以产品的某一细节为出发点与粉丝展开讨论。例如，在推销一款鞋子时，主播可以与粉丝讨论鞋子搭配的服装风格、鞋子的清洗技巧等。对这些共同话题的讨论可以拉近主播和粉丝的距离。

第二，主播可以根据粉丝提出的话题展开讨论。例如，主播在推销一款帽子时，一位粉丝询问："这款帽子适合什么发型？"主播就可以以此为话题，引导直播间的其他粉丝展开讨论，最后给出自己的建议。

第三，主播可以以自己的经历和粉丝展开讨论。例如，销售宠物零食的主播可以在直播的过程中分享自己与宠物的一些趣事，也可以分享养宠物过程中的一些烦恼。如果粉丝中也多为"铲屎官"，他们对于主播分享的事情能够产生很深的共鸣，因此也会积极地分享自己的经历。

对共同话题的讨论不仅能够拉近主播与粉丝的距离，展现主播的亲和力，同时也能够提高粉丝的黏性，进而提高直播间的销售额。此外，主播亲和力的展示能够让粉丝更加信任主播，愿意购买主播推销的产品，这对于提高直播间的销售额是十分有利的。

8. 适当自黑可以"转负为正"

在直播的过程中，主播可能会因为一时紧张或一时考虑不周而出现小错误，这时就可能会有粉丝发表负面的评论。一些主播在面对负面评论时难以控制自己的情绪，会和粉丝在直播间进行激烈争吵或一气之下干脆下播等。这种应对方式都会对主播造成不良的影响，更不利于主播亲和力的打造。

那么，主播应该如何化解这些负面评论？其实适当的自黑可以"转负为正"。

某主播在为粉丝推荐零食时，会在直播间中试吃。许多粉丝都十分喜欢观看主播试吃零食，纷纷表示主播"真实不做作"，但也会有一些粉丝在直播间发布"主播吃东西好丑""主播能优雅一点吗"等弹幕，并发布了许多恶搞主播的表情包。

对于粉丝的这些负面评论，主播并没有气恼，他在直播间里称赞了这些粉丝的创意(表情包),并表示自己一定在接下来的直播中为大家提供更多的表情包素材。另外,该主播还自制了许多有意思的表情包供各位粉丝使用。这些表情包为粉丝带去了欢乐,同时也让粉丝看到了主播的智慧和情商。因此,主播恰到好处的自黑获得了更多粉丝的好评。

同时,主播在自黑时也需要把握好尺度。过度的自黑会降低粉丝对主播的好感,不仅不能扭转局面,而且会造成更多粉丝的流失。因此,主播在自黑时一定要有的放矢,恰到好处地自黑才会赢得粉丝的认可,使其与自己更加亲近。

9. 做好形象管理,时刻向粉丝展示最好的一面

在直播的过程中,主播需要时刻管理好自己的形象,把自己最好的一面展现给粉丝。主播要从外表和行为举止两方面入手,提升自己的个人形象。

(1) 外表

外表管理是最基本的形象管理。主播需要保证自己面容干净、着装整洁,最好化一点淡妆。干净整洁的外表能让主播在粉丝面前展现自己的良好状态,让粉丝感觉到主播对直播的重视。

此外,主播还可以根据每次直播的不同主题改变自己的穿搭风格及妆容。

例如,推销美妆产品的主播,在每次直播开始时,可以用本次直播将要推销的美妆产品为自己化不同风格的妆容,然后再开始介绍产品。同时为了展现自己更好的形象,也为了展现对粉丝的重视,在每次直播时可以根据自己的妆容搭配不同风格的衣服。让粉丝看到自己的用心,感受到主播对自己的尊重。这样粉丝在观看直播时也更加热情。

(2) 行为举止

除了外表以外,主播也要管理好自己的行为举止,向粉丝展现自己良好的个人素质。良好的个人素质能够展现其个人魅力,体现对粉丝的尊重,使粉丝对自己更有好感。主播在直播过程中要时刻注意自己的行为举止,在介绍产品时不要有多余的小动作,在试吃食品时尽量保持动作雅观,不要在直播间对粉丝做出无礼的举动。

主播的行为举止能够体现个人素质,主播的个人素质越高,越能够获得粉丝的好感。因此,主播需要在进行直播彩排时分析自己的行为举止是否得当,不断修正自己在行为举止方面存在的问题。

主播可以从外表和行为举止两方面入手做好形象管理,展示自己对直播的重视和对粉丝的尊重。时刻向粉丝展现自己最好的一面,就能够点燃粉丝的热情,激励粉丝以同样的热情回应自己。

10. 表情动作活泼灵动，营造活跃的氛围

一些主播在直播时不知道该怎么做，表情、动作僵硬且单一，这都是主播难以提升人气、提高产品销量的重要原因。因此，在直播带货的过程中，主播需要调整好自己的表情和动作，用自己的表现带动粉丝的热情。

直播间是主播和粉丝进行沟通互动的主要场合，除了保持微笑以外，主播也要做出丰富的表情和动作，以调动直播间的气氛。例如，当主播在试穿衣服时，如果衣服的上身效果非常好，就可以通过一些夸张的描述或动作表示自己对衣服的满意。适度夸张的表情或动作能够让粉丝感受到主播的积极与热情，使其对产品产生好感。

再例如，一位主播在推销一款话梅时，对粉丝讲道："据说这款话梅超级酸，让我们来尝一下。"吃完一粒话梅后，主播的五官皱成一团，并迅速喝了一大杯水，然后对粉丝讲道："哇！这款话梅真的超级酸，感觉酸味瞬间就在口中爆炸了。喜欢吃酸的朋友们可以挑战一下。"主播这番介绍勾起了很多粉丝的好奇心："这款话梅真的有那么酸吗？"带着这样的好奇，许多粉丝都纷纷下单购买了这款话梅。

在直播中，除了语言以外，主播的表情和动作也能够反映主播的状态，感染粉丝的情绪。因此，主播要保证自己的表情、动作活泼灵动，以此带动直播间的氛围，点燃粉丝的热情。

任务思考

主播如何引起粉丝共鸣？请至少列出 3 个方法。

任务6.2　主播形象打造与镜头感训练

任务6.2.1　主播形象打造

任务目标

- 掌握主播个人IP打造的原则。
- 掌握主播个人IP打造的基本模型。

内容解析

乔·吉拉德是美国著名的销售大王。他连续 12 年平均每天销售 6 辆，而且全部是一对一销

售给个人的。他也因此创造了吉尼斯汽车销售的世界纪录。他是怎么做到的？乔·吉拉德接待的客户，有很多并不是当场购买的，很多客户要多年后才会买车；但是，不管等多久，乔·吉拉德都会经常打电话追踪客户，一年十二个月更是不间断地寄出不同花样设计、上面永远印有"I like you！"的卡片给所有客户，最高纪录曾一个月寄出 16000 封卡片。

乔·吉拉德说"我的名字乔·吉拉德一年出现在你家十二次！当你想要买车时，自然就会想到我！"通过这样的做法，乔·吉拉德形成了自己独特而有吸引力的个人品牌。那要如何形成这样的个人品牌，也就是说如何建立个人品牌，如何在日常维护并且彰显个人品牌，接下来进行介绍。

需要注意以下三个方面。第一，打造自己的个人形象，第二，让个人形象在移动互联网平台的账号中做彰显，第三，了解能够帮助传播个人品牌的私域工具。

1. 打造个人形象

大家先来思考以下几个问题：

(1) 什么样的个人形象更吸引人，是官方发布的，还是个人态度？

毋庸置疑，一定是个人态度。因为一旦有了"官方发布"的属性，就会让顾客觉得，自己面对的是一个冷冰冰的、没有感情色彩的组织，这非常不利于和客户之间建立情感联结。

(2) 是销售属性的形象更吸引人，还是社交属性的形象更吸引人？

当然是社交属性。顾客对销售先天就有一种抵触心理，因为顾客觉得你要从他身上赚钱，就会对你有所戒备。

(3) 物性的呈现吸引人，还是人性的表达更吸引人？

当然是人性的表达，私域的本质就是社交，而社交存在于人与人之间。

从这三个对比可以发现，官方发布、销售属性、物性呈现是建立和顾客连接的阻碍，所以对个人形象的打造，应该尽量避免这种冷冰冰的、利益化的、没有情感色彩的误区，而是采用个人态度、社交属性、人性表达的方式。

总结来说，对个人形象的打造，一定不能是简单的工作岗位的呈现，而是自己这个人的综合特点的呈现。所以，个人形象打造的基本模型有四个维度，分别是人设、风格、剧本和符号。

第一个方面是人设，指的是"是谁"和"是什么样的人"。

第二个方面是风格，一般可以分为浪漫型、优雅型、传统型、性感迷人型、创意型、戏剧型、运动型等类型。

第三个方面是剧本，例如你说自己是"幽默随和的中生大叔"，可以用故事来证明。这个故事不能太长，3~5句话就可以，这个故事就是所说的剧本。

第四个方面是符号，也就是观众一提起就知道是你的代表性语言或行为。符号在传播中有着非常重要的意义，它不仅朗朗上口传播度高，而且特征明显，识别性强。

最后，想要说明的是，个人形象的打造，需要你对自己有非常清晰和深刻的认知，基于自身真实的特点，来打造形象，而不是想象和虚拟。因为形象被打造出来后，需要你在今后的工作和信息传播中一以贯之，如果出现了你说的是一个套，具体做的时候是另一套的情况，那前面打造的形象，就没有任何意义了。

举例来说，某主播的直播间叫"××惊喜社"，所以粉丝的期待就是要有惊喜，所以该主播在前期选品上要非常严格，直播间的优惠力度要非常大，这就符合了他一直打造的宠粉形象。

你的个人形象是什么？建议你问一问你周围的朋友或客户，然后静下心来，拿一张纸，从上面说的四个方面好好写一写。

2. 建立账号

打造好个人形象之后，就要建立或者优化账号。这里说的账号，指的是微信账号，2021年微信的月活跃用户数突破12.7亿。在当下的这个零售数字化3.0的阶段，通过微信，导购和顾客的距离无限拉近，可以直接完成交易转化。所以，作为和顾客最近的触点，微信的重要性就不言而喻了。

那该如何设定导购的微信账号？

微信的个人页呈现给别人，主要有四个方面需要注意。

第一个是个人昵称，建议根据上节形象打造中的人设和风格来拟定自己的个人昵称，让别人看到这个名字就能想起你，这里需要说明的是，个人昵称千万不要用生僻字或者奇怪的符号，如果别人不认识这个字，账号的传播度和识别度就会大大降低。

第二个是个人头像，建议使用符合自己人设的个人形象照，应该尽量避免使用风景照或者网图。

第三个是个性签名，建议使用上节所说的剧本进行二次加工，不要放一些心灵鸡汤或者莫名其妙的话语。

第四个是朋友圈的背景图，这张图片是最好的广告位，因为别人点开你的资料页，第一眼看到的就是这个图片，所以建议在这里做自己的广告宣传。

最后，来讲一讲助力个人品牌传播的私域组合。

目前私域运营的主体工具是微信，在做个人品牌传播的时候，应该特别注意以下几个功能。

首先,来盘点一下微信的功能,从私聊开始,微信相继增加了朋友圈、公众号、社群、搜一搜、看一看、视频号、直播、小商店这些对私域经营很有帮助的功能模块。

在 2020 年之前,这些模块相对独立,比如私聊和社群,主打的是私域的社交功能,朋友圈和看一看主打的是私域的内容功能。

在 2020 年之后,这种状况发生了非常大的变化,随着视频号这个功能的逐步完善,原本的各个模块被串联了起来。比如,视频号是短视频内容的呈现,但却既可以像朋友圈一样呈现给私域的人群,也可以通过被人点赞推荐的功能,让二度裂变的非私域的人群看到。

所以说经营私域,在微信生态内,现在最应该做、效果最好的组合,是"朋友圈"+"视频号"+"私聊",用视频号来生产和发布内容,通过朋友圈实现私域的即时触达,通过视频号的点赞功能来实现二度甚至是三度裂变,用私聊来实现精准的信息沟通和成交转化。

总结:导购个人品牌的打造,先从自己的个人形象打造开始,主要是人设、风格、剧本、符号这四个方面;在各类新媒体账号上通过昵称、头像、个性签名、朋友圈背景图来实现形象的彰显。最后,通过构建媒体矩阵,助力信息传播。

任务思考

主播个人 IP 的人设、风格、剧本、符号分别指的是什么?请简要说明。

任务6.2.2 主播镜头要素

任务目标

- 掌握主播镜头要素的构成。
- 掌握主播外在形象塑造的基本结构。

内容解析

主播镜头要素包括以下几个方面:体型要素、发型要素、化妆要素、服装款式要素、饰品配件要素、个性要素、心理要素、文化修养要素。

一、体型要素

体型要素是主播形象诸要素中最重要的要素之一。良好的形体会给形象设计师施展才华留下广阔的空间。完美的体形固然要靠先天的遗传,但后天的塑造也相当重要。长期的健体护身、饮食合理、性情宽容豁达，将有利于长久地保持良好的形体。体型是很重要的因素，但不是唯一的因素，只有在其它诸要素都达到统一和谐的情况下，才能得到完美的形象。

1. 标准型身材

标准型身材指拥有平均身高，胸围和臀围相等，腰部大约比胸围小 25 厘米的身材。成功的体型弥补的方法要达到的目的就是让身材看上去接近标准型的身材。色彩修正是较为容易的方法之一。在适合一个人的色彩群中，有膨胀色，也有收缩色。一般情况下，纯度高或者明度高的颜色给人膨胀的感觉，纯度低或者明度低的颜色给人收缩的感觉。合理使用相应的颜色会修正弱点或强调优点，达到完美的效果；如果使用不当，本来适合的颜色强调了一个人的弱点，漂亮的颜色在身上的位置不当，整体色彩形象失去平衡，就达不到预期的效果了。

2. 梨形身材

身材特征：肩部窄，腰部粗，臀部大；

弥补方法：胸部以上用浅淡或鲜艳的颜色，使视线忽略下半身；

注意事项：上半身和下半身的用色不宜强烈对比。

3. 倒三角形身材

身材特征：肩部宽，腰部细，臀部小；

弥补方法：上半身色彩要简单，腰部周围可以用对比色；

注意事项：上半身最好不用鲜艳的颜色、对比的颜色。

4. 圆润型身材

身材特征：肩部窄，腰部和臀部圆润；

弥补方法：领口部位用亮的鲜艳颜色，身上的颜色要偏深，最好是一种颜色或渐变搭配；

注意事项：身上的颜色不宜过多或鲜艳。

5. 窄型身材

身材特征：整体骨架窄瘦，肩部、腰部、臀部尺寸相似；

弥补方法：适合多使用明亮的或浅淡的颜色，可使用对比色搭配；

注意事项：不宜用深色、暗色。

6. 扁平型身材

身材特征：胸围与腰围相近，臀围正常或偏大；

弥补方法：用鲜艳明亮的丝巾或胸针装饰，将视线向上引导；

注意事项：不宜用深色装饰腰部。

二、发型要素

发型也是影响主播形象的重要因素之一。妆发造型带给人精气神和自信，女生妆后自然会变得更有自信，散发不一样的神采，有自信对业务能力也有极大的帮助。

直播一款产品和我们自身的形象一定要搭配，使人感到清爽大方，这样别人进入你的直播间也会心旷神怡，才会留下来听你讲解，从而进行转化。

三、化妆要素

主播要知道上镜妆和日常妆是有区别的。主播上镜后，五官会有视觉上的压缩感。简单来说，立体感不强了，所以上镜妆要比日常妆更加注重阴影和高光的使用，打造更加立体的妆容。底妆的部分可以选择较浅的色号，让你的皮肤在镜头前更加白皙，尽量不要选择红色的眼影，因为这样会在上镜后显得很臃肿。还有露出的颈部和肩膀肤色要尽量和脸部的肤色一致，因为镜头对色彩的差异非常敏感。对于一个男主播来说，至少可以画画眉毛，这样既不会在直播中显得过于油腻，又会无形中提升自己的颜值。另外，可以适当地使用美颜效果。

四、服装款式

服装造型在人物形象中占据着很大视觉空间，因此，也是形象设计中的重头戏。除了选择服装款式、颜色、材质，还要充分考虑视觉、触觉与人所产生的心理、生理反应。服装能体现年龄、职业、性格、时代、民族等特征，同时也能充分展示这些特征。当今社会人们对服装的要求已不仅限于整洁保暖，而且增加了审美的因素。专业的形象打造需要在了解服装的款式、造型设计原理及服装的美学和人体工程学的相关知识的前提下，将服装的设计元素在形象设计中运用得当，对人的体型扬长避短，使整体形象更符合个人所处的场合与社会角色需要。

五、个性要素

在进行全方位包装设计时，要考虑一个重要的因素，即个性要素。目光、微笑、站、坐、行、走都会流露出人的个性特点。只有当"形"与"神"达到和谐时，才能创造出一个自然得体的新形象，忽略人的气质、性情等个性条件，一味地追求穿着的时髦，佩戴的华贵，只能打造出不符合个人特质的形象。

六、心理要素

人的个性有着先天的遗传和后天的塑造，而心理要素完全取决于后天的培养和完善。高尚的品质、健康的心理、充分的自信，再配以服饰效果，是人们迈向事业成功的第一步。

七、文化修养

人与社会、人与环境、人与人之间有着相互联系，在社交中，谈吐、举止与外在形象同等重要。良好的外在形象是建立在自身的文化修养基础之上的，而人的个性及心理素质则要靠丰富的文化修养来调节。具备一定的文化修养，才能使自身的形象更加丰满、完善。

在形象设计中，如果将体形要素、服饰要素比为硬件的话，文化修养及心理要素则是软件。硬件可以借助形象设计师来塑造和变化，而软件则需要靠自身的不断学习和修炼来提升。"硬件"和"软件"合二为一时，才能达到形象设计的最佳效果。

八、饰品配件

饰品、配件的种类很多，颈饰、发饰、首饰、胸针、帽、鞋、包、袋等都是人们在穿着服装时的搭配单品。由于每一类饰配所选择的材质和色泽不同，设计出的造型也千姿百态，能恰到好处地点缀服饰和人物的整体造型，充分体现人的穿着品位和艺术修养，使灰暗变得亮丽，使平淡增添韵味。

任务思考

主播镜头感要素包括哪些方面？请罗列。

任务6.2.3 主播镜头感训练

任务目标

- 掌握主播镜头感训练的基本方法。
- 掌握主播声音训练的方法。

内容解析

新人主播对着镜头紧张、尴尬、眼睛不知道应该看哪里，声音也变得很不自然。其实这些都是正常现象，就是缺少了镜头感与声音的小技巧。

什么是镜头感？

根据针对对象分为表演者和拍摄者。对表演者来说，镜头感是指表演者生动、自然地以眼睛余光感受到镜头的位置，然后作出的表情以及肢体语言能被镜头以最佳角度记录下来。

对拍摄者来说，镜头感通常是指摄影或是摄像师对于画面构图和运动的宏观把握能力，对于机位运动的掌控能力，说某个人的作品镜头感好，就是说他的作品在构图、节奏、调度等的把握上，做得很好。

所以要做出有镜头感的故事，不但要对以上两者有所了解，还需要大量的练习和对艺术的感知。

1. 提升主播的镜头感

对于作为表演者的主播来说，主播表情、肢体语言、对产品的展示等是否生动自然，能否把用户留下来产生互动，这些都应被镜头以最佳的角度记录，对于新手主播，则可以用以下一些小技巧改进。

(1) 镜子练习

采用镜子练习或者自拍的方式来练习镜头感，可以找一面比较大的镜子，然后通过镜子，清楚地观察自己的脸，找到最适合自己的表情和角度，之后对着镜子练习举手投足，讲话表达。新手主播尤其需要知道自己面对镜子到底是什么样，要注意一些平时不注意的小细节、小动作等。更好地了解自己的优缺点，面对镜头，才能更加自信与从容。

(2) 眼神技巧练习

直播时我们的眼睛究竟应该看哪里？

看镜头的话能更好地跟粉丝互动，看手机屏幕也能更好地看粉丝的留言，以更好地互动。我们可以各取优势，直播时，大家尽量放松一些，可以看摄像头演说和展示产品，也可以看手机屏幕调整细节。

① 看摄像头时，就是在和粉丝表达一些事情，如产品基本介绍、宣传等。

② 看手机屏幕时，可以看整个直播间的现状、产品细节展示等。

(3) 巧用道具

其实起初的主播很多都很紧张，我们可以借助一些公仔、娃娃、饮料等道具来缓解压力。另外主播在讲解产品的时候，可以同时进行产品细节展示，一方面用产品起到道具的作用，同时也可以更加清晰地为直播间的粉丝进行产品讲解和展示。

(4) 观众的互动

直播间里不管有多少人都要进行互动,这样才能更好地留下种子用户,用户停留的时间才会更长。互动不仅是为了转移主播的注意力,同时也能让主播更好、更自然地表达,也有利于抓住直播间的流量。

(5) 直播互动前的准备

根据对粉丝的了解,针对性地为粉丝准备感兴趣的话题或活动,在直播热场的时候,就可以充分利用起来。通过话题、小游戏、小活动等改善主播的状态,同时也有利于活跃直播间的气氛。

(6) 勤学习、多直播

在平时多练习,可以将镜头设定为亲近、熟悉的朋友。有了这种平等、融洽、真诚和坦诚的正确关系,才能形成感情的交流,才能使受众对主播产生"认同"和"自己人"的亲近感,也避免了"居高临下"或"迎合媚俗"的情形。

2. 对声音进行训练

我们常会感觉大部分的主播发声饱满、洪亮,且长时间说话毫不费力。其实,只要掌握正确的发声方法并进行有效的训练,每个人都可以做到。下面我们就如何让声音变得更饱满、洪亮,以及"胸腔共鸣"两方面来详细讲解。

首先,我们来看让声音变得饱满、洪亮的方法:

(1) 技巧

① 体会胸腔共鸣:微微张开嘴巴,放松喉头,闭合声门(声带),像金鱼吐泡泡一样轻轻地发声,或低低地哼唱,体会胸腔的震动。

② 降低喉头的位置:(同上),喉部放松。

③ 打牙关:所谓打牙关,就是打开上下大牙齿(槽牙),给口腔共鸣留出空间,用手摸摸耳根前大牙的位置,看看是否打开了,然后发一些元音,如a,感觉一下自己声音的变化。

④ 提颧肌:微笑着说话,嘴角微微向上翘,同时感觉鼻翼张开了。试试看,声音是不是更清亮了。

⑤ 挺软腭:打一个哈欠,顺便长出一口气。

注意:在大声说话时,注意保持以上几种状态就会改善自己的声音。切记,一定要"放松自己",不要矫枉过正,更不要只注意发音的形式,而忘了要说的内容。

(2) 气息问题

发音震动，震动气息，要使声音洪亮，中气十足，就要有饱满的气息。呼吸要深入持久，要随时保持一定的呼吸压力。平时可以多做些深吸缓呼的练习，最好在练习说话的时候先站起来，找到呼吸状态，要坐的话，也要坐直，上身微微前倾。

运用气息的时候，千万不要"泄气"，要在上述的呼吸压力中缓缓释放，并且要善于运用，嘴唇把气拢住，这样来保持胸腹和嘴唇的压力平衡。

(3) 声线问题

让气音尽量沿着口腔内部的中纵线穿透而出，这样才能使声音集中而响亮。感觉声音像一条弹性的带子，下端从小腹拉出，垂直向上，至口咽腔，沿上腭中纵线前行，受口腔节制形成字音，字音好像被吸住挂在硬腭的前部，由上门齿处弹出，流动向前。

(4) 横膈膜的力量

横膈膜的力量对气息的保持和声音的力度都很重要。

传统的训练方法：

① 数数字：深吸一口气，利用腰腹的力量保持住，从 1 开始数，数到 60 为合格。数数要均匀有节奏，不能偷气。

② 吹灰：深吸一口气，然后就像吹掉桌上的灰尘一样往前吹气，节奏是一慢二快，体会横膈膜的力量。

③ 运动：多做仰卧起坐，增强腰腹的力量。

接下来，我们来看胸腔共鸣的训练方法：

(1) 胸部放松

要获得比较好的胸腔共鸣，就要让胸部能自如地振动，胸部的放松非常关键。比如，不要耸肩，吸气不要过满，否则容易造成胸部紧张僵硬，不利于胸腔共鸣的调节。

当感觉胸部紧张时，可以叹口气，把胸腔的气息全部呼出去，这时就会自动、无意识地重新进气，多尝试几次有助于胸部放松。

(2) 胸部支点

胸部振动感最强的点，通常称为"胸部支点"。练习时，我们可以体会声音集中在胸部支点，感觉声音像是从胸部支点透出来的，有利于增加胸腔共鸣的色彩。

胸腔共鸣训练方法如图 6-1 所示。

- 鼻子吸气，横膈膜下降，腹部会凸出。
- 嘴巴呈噘嘴状，缓慢不间断地吐出，小腹会内缩。

图6-1

(3) 支点的滑动

声音弹性的主要调节部位就是"胸部支点"，可以通过"胸部支点"沿着胸骨的上下滑动来调节声音的变化。

比如，发一个夸张的阳平á，就可以感觉到"胸部支点"向上滑动。发一个夸张的去声à，则可以感觉到"胸部支点"向下的滑动。如果感受不明显，可以调低声音量，扩大气息量，这样振动感就会更明显。然后可以把这种振动感带入到播音发声中去。

"胸部支点"向上滑动的位置不宜太高，一般认为向上不超过第三条肋骨，太高容易造成喉部的紧张。向下滑动的位置一般最下端在"胸骨下端"。

练习(通常开口度大的音，易于体会胸腔共鸣)：

来龙去脉　来日方长　龙腾虎跃　百炼成钢

包罗万象　高瞻远瞩　豪情壮志　海阔天空

豪言壮语　刀山火海　光明磊落　庞然大物

沧海桑田　开怀畅饮　海纳百川　鹏程万里

(4) 过犹不及

大家用话筒时，或者有过这样的体会，当嘴巴过于贴近话筒，声音会变得越来越低沉，但"字音"会变得含混不清。胸腔共鸣的使用也是一样的，如果过度追求"浑厚"，胸腔共鸣过多，容易产生"音包字"的现象，影响字音的清晰度。

播音发声的共鸣特点是：以口腔共鸣为主，胸腔共鸣为辅，鼻腔共鸣适度。

(5) 共鸣的调节

播音需要根据节目的形式、内容、对象、场合等灵活运用各种共鸣方式,使声音色彩随节目的需要而变化。

比如,新闻报道、较严肃的内容,胸腔共鸣可能用得多一些;而知识性节目、较轻松的内容,胸腔共鸣就用得少。

在一篇稿件里,也需要根据情感发展的需要灵活调节各种共鸣。

如果固定地用某一声部的特殊共鸣方式播音,听起来就会不自然,用起来也会不自如,应根据个人的声音特点、发声习惯和节目需要灵活调节。

任务思考

主播镜头感训练主要从哪几个方面进行?请列出。